THÉÂTRE ROYAL DE L'OPÉRA-COMIQUE.

NE TOUCHEZ PAS
A
LA REINE

OPÉRA-COMIQUE EN TROIS ACTES,

Paroles de MM. SCRIBE et Gustave VAËZ,

Musique de M. XAVIER BOISSELOT,

(MISE EN SCÈNE DE M. HESSE.)

Représenté pour la première fois, à Paris, sur le théâtre royal de l'OPÉRA-COMIQUE,
le 16 Janvier 1847.

PRIX : 1 FRANC.

PARIS
BECK, ÉDITEUR,
RUE GIT-LE-CŒUR, 12.
TRESSE, successeur de J.-N. BARBA, Palais-Royal.
Au dépôt central, rue de Grammont n° 14.

1847

NE TOUCHEZ PAS
A
LA REINE

OPÉRA-COMIQUE EN TROIS ACTES,

Paroles de MM. SCRIBE et Gustave VAËZ,

Musique de M. XAVIER BOISSELOT,

(Mise en scène de M. Henri)

Représenté pour la première fois, à Paris, sur le théâtre royal de l'OPÉRA-COMIQUE, le 16 Janvier 1847.

PERSONNAGES.	ACTEURS.
LA REINE DE LÉON...	Mlle Lavoye.
DON FADRIQUE, régent du royaume.................................	MM. Herman-Léon.
DON FERNARD D'AGUILAR...	Audran.
MAXIMUS, argentier de la Reine...................................	Ricquier.
ESTRELLA, sa femme..	Mlle Lemercier.
UN PAGE...	Mlle Honorine.
SEIGNEURS, DAMES, PAGES, HAUTS JUSTICIERS, HUISSIERS DU PALAIS, GARDES, HALLEBARDIERS, VALETS................	

Nota. — La mise en scène exacte de cet ouvrage transcrite par M. L. Palianti, fait partie de la collection publiée par la Revue et Gazette des Théâtres, rue Sainte-Anne, n° 55.

ACTE PREMIER.

Le théâtre représente une salle du palais ouvrant, au fond, sur une galerie. — A droite la porte qui conduit aux appartements de la reine. — En face, une autre porte.

SCÈNE PREMIÈRE.

Maximus paraît dans la galerie avec Estrella, qui semble admirer le palais. Un huissier sort de l'appartement de la reine, et se dirige vers le fond, où il rencontre Maximus et Estrella.

MAXIMUS, *à l'huissier, qui veut les empêcher de passer.*

Comment, qui je suis? (*Avec orgueil.*) Maximus, argentier de la reine.

L'HUISSIER.

On ne passe pas.

MAXIMUS.

Et la senora Estrella, ma femme?

L'HUISSIER, *les laissant passer.*

C'est différent.

MAXIMUS, *à sa femme, avec fierté.*

Tu l'entends : Maximus, argentier de la reine, comme cela résonne! et comme le mérite finit toujours par percer!... Pendant longtemps, dans mon état, je n'ai fait que végéter, et, depuis un an...

ESTRELLA.

Depuis notre mariage!

MAXIMUS.

C'est à qui visitera ma boutique d'orfévrerie.... Tous les jeunes seigneurs du royaume de Léon me font politesse, et jusqu'à son altesse don Fadrique, le régent du royaume, cousin et tuteur de notre jeune reine... qui me fait l'honneur de me saluer quand il passe; qui vient parfois chez nous, et daigne causer avec toi...

ESTRELLA.
Et cela t'enchante!

MAXIMUS.
J'en suis fier. C'est un grand ministre dont j'approuve la politique... Politique éclairée : il m'a nommé argentier de la cour, et veut marier sa cousine à quelque roi voisin.

ESTRELLA.
Qu'est-ce que cela te fait?

MAXIMUS.
Ce que cela me fait! En vérité, ma mie, on ne se douterait pas que vous êtes ma femme. Qu'est-ce qu'il faut pour un mariage?

ESTRELLA.
Un mari aimable et gentil.

MAXIMUS.
Du tout! mais des bijoux, des bracelets et des colliers!... Qu'est-ce qu'il faut pour un couronnement? une couronne en bel or bien ciselé... et tout cela m'a déjà été commandé... Et maintenant, qu'on se dispute sur le choix de l'époux, qu'on donne à notre jeune reine le prince de Castille ou le roi d'Aragon... ça m'est égal!

ESTRELLA.
Joli ménage! où l'on commence par ne pas s'entendre.

MAXIMUS.
Que m'importe, à moi!... mes parures sont prêtes, ma couronne est achevée.

ESTRELLA.
Sans avoir pris mesure?

MAXIMUS.
Les couronnes vont à toutes les têtes!... (Se touchant le front). Mais dans la mienne, à moi... regarde-moi bien, Estrella, il y a quelque chose dont on ne se doute pas.

ESTRELLA.
Eh! quoi donc?

MAXIMUS.
Une ambition d'enragé!... de l'ambition pour toi!... Je veux te faire avoir une place à la cour, oui... une place près de la reine.

ESTRELLA.
Vraiment!

MAXIMUS.
Comme qui dirait une des femmes de chambre de sa majesté.

ESTRELLA.
Ça n'est pas aisé!...

MAXIMUS.
J'en ai parlé à don Fadrique, notre gracieux régent qui commence toujours par dire : Non.

ESTRELLA, vivement.
Et il a dit oui! j'en suis sûre!

MAXIMUS.
Il n'a rien dit... que ces paroles... Ah! c'est pour ta femme! Il faut que je la voie, que je l'interroge.

ESTRELLA.
Mais il me voit et me parle toutes les fois qu'il vient au magasin...

MAXIMUS.
Ce n'est pas la même chose.

ESTRELLA.
En quoi donc?

MAXIMUS.
Il sait que tu es très bien dans un comptoir! mais il ne sait pas comment tu seras... ici, dans un palais... voilà pourquoi il m'a dit : amène-la moi.

ESTRELLA.
Mais...

MAXIMUS.
Il faut bien qu'il t'instruise des usages de la cour et de toutes les lois de l'étiquette... il y en a de si terribles!... N'as-tu pas entendu dire que le dernier roi, le père de notre jeune reine, grand prince!... qui ne quittait pas le coin de la cheminée, laissa un jour le feu prendre à ses augustes vêtements... un écuyer mal appris, et peu au fait de l'étiquette, s'avisa de sauver le roi en étouffant la flamme dans ses mains... cet écuyer fut condamné à mort.

ESTRELLA, indignée.
Par exemple!... et pourquoi?

MAXIMUS.
Parce qu'il est défendu de toucher à une majesté!... quiconque porte la main sur la personne sacrée du roi ou de la reine... est puni de mort.

PREMIER COUPLET.

Ne touchez pas à la reine!
C'est la charte souveraine :
Et le moindre oubli vous mène,
Droit au trépas!

ESTRELLA.
De loin, toujours on l'admire :
La charte alors devrait dire,
A l'amour comme au zéphire :
N'y touchez pas.

MAXIMUS.

DEUXIÈME COUPLET.

Ah! quel honneur d'être reine!
Dans sa gloire souveraine,
Au bal même on ose à peine
Suivre ses pas!

ESTRELLA.
Nos bals ont plus de franchise,
Chacun m'invite à sa guise,
Et sans que la charte dise :
N'y touchez pas!

(Faisant quelques pas pour sortir.)

Allons-nous en! je ne veux plus être femme-de-chambre de la reine.

MAXIMUS.
Pourquoi?
ESTRELLA.
Le moyen de l'habiller sans la toucher?
MAXIMUS.
Oh! il y a des exceptions prévues pour le service intime, et c'est justement ce qui fait que la place est si belle!... On y acquiert du crédit, de la puissance, des honneurs, et on en donne même aux autres, quand il en reste!
ESTRELLA.
C'est juste!... et j'accepte... car j'ai un petit protégé qui n'a que moi pour appui.
MAXIMUS.
Le petit Fernand?
ESTRELLA.
Lui-même... que je trouve charmant! c'est mon avis...
MAXIMUS.
Ce n'est pas le mien.
ESTRELLA.
Tu en es jaloux?
MAXIMUS.
Moi! oh! par exemple... non!... Mais dans notre position, il ne nous convient pas de voir ce pauvre gentilhomme...
ESTRELLA.
De haute et noble famille.
MAXIMUS.
Qui n'a rien au monde que la cape et l'épée.
ESTRELLA.
Soit; mais cette épée, il sait s'en servir... et dans cette émeute, où des furieux venaient pour tout briser dans la boutique... c'est lui qui m'a défendue et nous a sauvés du pillage... tandis que vous, seigneur Maximus, vous trembliez à la vue des poignards!
MAXIMUS.
Je n'aime ni le fer... ni l'acier!... ce n'est pas ma partie... L'or et l'argent, c'est différent!... Voilà l'essentiel!... Et votre protégé ne fera jamais rien, n'arrivera à rien... parce qu'il n'a pas de ça. (Il fait signe de compter de l'argent.)
ESTRELLA.
Et moi, je dis qu'il arrivera à tout. (Mettant la main sur son cœur.) parce qu'il a de ça.

SCÈNE II.

LES PRÉCÉDENTS, FERNAND.

FERNAND, en dehors, dans la galerie.
Eh oui! je viens demander audience.
ESTRELLA.
C'est lui que j'entends.
MAXIMUS.
Lui! au palais de la reine!

ESTRELLA, l'apercevant tandis qu'il cause avec l'huissier.
Et couvert de riches habits!
MAXIMUS.
Lui qui n'avait qu'un seul pourpoint! et encore!
ESTRELLA.
Veux-tu te taire!
FERNAND, qui s'avance.
Vous! mes amis!... enchanté de vous rencontrer ici.
MAXIMUS.
Et comment vous y trouvez-vous?
FERNAND.
Ma foi! je vous le demanderai!... car je n'en sais rien!... depuis longtemps je voulais arriver jusqu'au régent, afin de lui demander justice et réparation pour moi et les miens... mais le moyen de réussir sans protecteur!... le moyen surtout de paraître à cette cour brillante, dans le négligé que vous me connaissez, et que je réservais pour mes amis intimes... lorsqu'hier au soir, en rentrant dans mon humble logis, je trouve à mon adresse ce costume de gentilhomme.
ESTRELLA, étonnée.
En vérité!
FERNAND.
Et de plus, un papier contenant ces mots: Quand on a des dettes, il faut les payer... et à cette sentence morale, étaient joints les moyens d'exécution... une bourse renfermant cent cinquante piastres.
MAXIMUS.
Est-il possible?
FERNAND.
Voici donc, mon cher ami, et pour remplir les intentions du fondateur, les vingt-cinq piastres que je vous dois.
MAXIMUS, étonné.
Comment cela.
FERNAND.
Telles que votre femme a bien voulu me prêter en votre nom.
MAXIMUS, avec humeur à sa femme.
Hein? Comment!... tu as...
ESTRELLA, vivement et l'interrompant.
C'est bon! c'est bon!
MAXIMUS.
Mais cependant...
ESTRELLA.
Assez... ça suffit...
MAXIMUS, baissant le ton.
Bien, bien, bien.
FERNAND.
Et à vous, ma bonne et gentille Estrella, permettrez-moi de vous offrir ce souvenir d'un ami.
ESTRELLA.
Une chaîne d'or!...
FERNAND, gaîment.
Le reste de ma bourse.

MAXIMUS, *d'un air de dédain.*
Vingt-cinq piastres, ça!... c'est d'une cherté...
(*A sa femme.*) et comme c'est fait... comme c'est
conditionné. Vois donc cette ciselure!... oh! oh!
on l'a volé.... (*A Fernand.*) Et qui diable vous a
vendu un pareil joyau?...

FERNAND, *gaîment.*
Votre premier commis... en votre absence...

ESTRELLA.
Et moi, je n'en veux pas!... se ruiner pour moi!

FERNAND.
Bah! qui donne est riche! d'ailleurs vous avez
tous les deux un moyen de m'obliger (*A Maximus*).
Votre titre d'argentier vous permet d'approcher du
régent, qui, dit-on, n'est pas abordable pour tout
le monde.

MAXIMUS, *se rengorgeant.*
C'est vrai !

FERNAND.
Obtenez de lui qu'il consente à m'entendre...

ESTRELLA.
Je m'en charge.

FERNAND.
Et je vous devrai beaucoup, car mon bienfaiteur
mystérieux, n'a pas songé à m'envoyer une lettre
d'audience.

MAXIMUS.
Mais d'où peut vous venir cette protection inconnue?

FERNAND.
Quelques amis de ma famille qui auront connu
ma détresse... mon père, ministre du dernier roi,
calomnié, renversé par un ennemi jaloux, s'est vu
banni, dépouillé de ses biens et m'a légué en mou-
rant le soin de venger sa mémoire.

MAXIMUS.
Et de redemander ses biens!

FERNAND.
Non pas! tout ce que je demande, ce sont des
lettres d'armes pour aller combattre les Maures de
Grenade... et Dieu aidant...

ESTRELLA.
Vous faire tuer... je ne le veux pas...

FERNAND.
C'est la seule chance à courir quand on est
amoureux.

MAXIMUS.
Vous!.. amoureux?

ESTRELLA, *à son mari.*
Là!.. vous l'entendez...

FERNAND.
Quoi donc?

ESTRELLA.
Rien!.. une bêtise que me disait mon mari.

MAXIMUS.
Amoureux!.. quand on n'a rien...

FERNAND.
Raison de plus!.. cela tient lieu de tout.

ESTRELLA, *avec curiosité.*
Et de qui, Monsieur, êtes vous amoureux?..

MAXIMUS, *de même.*
Oui de qui?

FERNAND.
De qui?.. vous allez vous moquer de moi, mais
je n'en sais rien; c'est je crois d'une fée, d'un ange
ou d'un lutin.

MAXIMUS.
D'un lutin !

RÉCITATIF.

ESTRELLA.
Voyons qu'elle est votre héroïne ?

FERNAND.
Sous l'ombrage odorant de la forêt voisine,
J'allais chantant ce lai d'amour
Qu'Estrella m'apprit l'autre jour.
Quand, tout-à-coup, un bruit glace mon âme ;
Et soudain... à mes yeux,
Apparaît une femme
Qu'emporte un coursier furieux.
Je cours... je l'ai saisi... nous luttons... il succombe..

MAXIMUS.
Je frémis ! Et la femme ?

FERNAND.
Expirante elle tombe,
Belle comme un ange des cieux.

CAVATINE.

Dans mes bras tremblants soutenue,
Sur mes mains, flottaient ses cheveux ;
A la vie enfin revenue,
Langoureuse, elle ouvre les yeux.
Le trouble succède à l'extase,
Mon cœur, tout mon être s'embrase,
Enfin ! j'existais.
De bonheur enivré... j'aimais!!
Et, depuis dans mon âme,
Cet ange aux traits de flamme,
Nuit et jour je la voi;
Image rayonnante,
Toujours, toujours présente,
Elle est là, devant moi.

ESTRELLA.
L'aventure est charmante!

MAXIMUS.
Et la belle inconnue?

FERNAND.
Sautant sur son coursier, disparut à ma vue,
Jetant dans mon cœur confondu
Cette parole étrange, obscure :
« Silence sur cette aventure!
« Silence, ou vous êtes perdu. »

ESTRELLA, *étonnée.*
Perdu ?

MAXIMUS, *avec effroi.*
Perdu ?

FERNAND.
Perdu !

ACTE I, SCÈNE III.

ENSEMBLE.

ESTRELLA, *gaîment.*

Ah ! c'est charmant, nul effroi ne me glace :
La belle au bois, errante, sans gardien,
Et qui rencontre, au loin, perdant la chasse,
Un beau jeune homme, un sauveur, c'est fort bien !
Elle saura, malgré cette menace,
De vous revoir trouver quelque moyen.

FERNAND.

Belle inconnue, où retrouver ta trace,
De te revoir est-il quelque moyen ?
Ton souvenir, qu'en mon cœur rien n'efface
Fait mon bonheur, mon amour, mon seul bien !
Qui donc es-tu ?... Pourquoi cette menace !
Mystère étrange, où je ne comprends rien.

MAXIMUS.

Voyons, pesons bien tout, moi rien ne m'embarrasse.
Le bois... l'ombrage... un cri... puis un coursier qui
[passe...

Jusqu'ici c'est fort bien !
Mais cette femme, et puis cette menace ?...
Là je m'arrête et n'y comprends plus rien.
(*gravement*) Vous dites vrai, c'est un mystère.

FERNAND.

Et, resté seul dans la forêt,
J'ai trouvé sur la terre
Un bouquet.

MAXIMUS.

Un bouquet !

ESTRELLA, *avec curiosité.*

Et...

FERNAND.

Ce bouquet...

ESTRELLA, *mettant le doigt sur le cœur de Fernand où il indique qu'il porte ces fleurs,*

Là !

FERNAND, *retirant le bouquet de son sein.*

Le voilà.

ESTRELLA.

Quoi !

FERNAND.

De bonheur il me transporte.
Fleurs d'amour,
Nuit et jour,
A mes lèvres je les porte.

ESTRELLA, *à Fernand.*

Mais il faut rechercher...

MAXIMUS, *avec effroi.*

S'attirer des malheurs !

ESTRELLA.

Il faut trouver votre inconnue.

FERNAND.

Oui, je veux, à sa vue,
Paraître avec ses fleurs.

ENSEMBLE.

FERNAND.

Belle inconnue ! où retrouver ta trace !
De te revoir est-il quelque moyen ?
Ton souvenir, qu'en mon cœur rien n'efface
Fait mon bonheur, mon amour, mon seul bien !
Qui donc es-tu ?... Pourquoi cette menace !
Mystère étrange, où je ne comprends rien.

ESTRELLA.

Ah ! c'est charmant ! nul effroi ne me glace :
La belle, au bois, errante, sans gardien
Et qui rencontre, au loin, perdant la chasse,
Un beau jeune homme, un sauveur, c'est fort bien !
Elle saura, malgré cette menace,
De vous revoir trouver quelque moyen.

MAXIMUS.

Voyons, cherchons, moi rien ne m'embarrasse !
Le bois... l'ombrage... un cri... puis un coursier qui
[passe...

Jusqu'ici c'est fort bien !
Puis une femme, et puis cette menace...
Là je m'arrête et n'y comprends plus rien.

MAXIMUS.

N'entends-je pas... (*Il remonte vers la galerie.*)
C'est don Fadrique, le Régent.

FERNAND, *à part.*

L'ennemi de mon père !

ESTRELLA, *à Fernand.*

Laissez-nous avec lui... je parlerai pour vous,
ensuite vous paraîtrez.

FERNAND.

Je ne m'éloigne pas... (*Il sort.*)

SCÈNE III.

MAXIMUS, ESTRELLA, LE RÉGENT.

LE RÉGENT, *vivement.*

La voilà ! (*Il n'a vu d'abord qu'Estrella, seule, devant la porte où elle a conduit Fernand; puis s'apercevant de la présence de Maximus il va à lui et d'un air affable :*) Ah ! c'est vous, seigneur Maximus, notre illustre argentier, soyez le bienvenu.

MAXIMUS, *à part.*

Comme il est gracieux pour moi.

LE RÉGENT, *à Estrella d'un air froid.*

Je ne vous voyais pas, senora, approchez.

MAXIMUS, *à part.*

Il n'est pas aussi aimable pour ma femme, ça me fait de la peine.

LE RÉGENT, *à Estrella avec ironie.*

C'est donc vous qui voulez quitter votre boutique d'orfévrerie... pour les salons du palais ?...

MAXIMUS, *timidement.*

Ce n'est pas elle, Monseigneur, c'est moi qui désire...

LE RÉGENT, *avec bonté.*

Bien, mon cher Maximus... je vous permets de nous laisser... car vos travaux vous réclament et je connais leur importance...

MAXIMUS.

Elle est moins grande à mes yeux que l'honneur de vous faire ma cour.

LE RÉGENT.
Le service de la reine, avant tout... et vous n'avez pas de temps à perdre pour achever la couronne d'or que nous avons commandée.

MAXIMUS.
Elle est terminée, monseigneur, entièrement terminée et rien n'y manque.

LE RÉGENT, vivement.
Elle est terminée, et je ne l'ai pas encore vue... courez, mon cher, et apportez-la chez moi, dans mon appartement.

MAXIMUS.
Mais, Monseigneur...

LE RÉGENT.
Allez, je le veux!

MAXIMUS, faisant signe à Estrella.
Allons.

LE RÉGENT.
Non, votre femme restera, j'ai à l'interroger.

MAXIMUS.
Ah! vous voulez... bien, bien, c'est juste, Monseigneur, et je m'en vais... (A mi-voix.) Que votre altesse ne soit pas trop sévère avec elle, parce qu'elle s'effraie d'un rien. Non, vrai... elle est si timide cette pauvre petite femme... Ainsi vous me promettez, n'est-ce pas?... ça me fera plaisir... ça me fera bien plaisir... c'est convenu?... oui... merci, Monseigneur, merci. (Il fait signe à sa femme d'approcher sans crainte du Régent.) Eh bien, je suis tranquille comme ça... Oui, Monseigneur, oui, je m'en vais. (Il sort.)

SCÈNE IV.
LE RÉGENT, ESTRELLA.
DUO.

LE RÉGENT.
Enfin, vous voilà donc moins fière,
De vous parler il est moyen;
Vous m'adressez une prière,
Vous qui pourtant m'accordez rien.

ESTRELLA.
C'est mon mari qui seul vous prie,
En tout je suis ses volontés,
Et le respect toute ma vie,
Sera le prix de vos bontés.

LE RÉGENT.
Du respect seul, j'espérais mieux.

ESTRELLA, à part.
Voilà déjà qu'il recommence.

LE RÉGENT.
Montrez-moi vos doux yeux?

ESTRELLA, à part.
J'en étais sûre aussi d'avance.

LE RÉGENT.
Quoi! toujours la froideur.

ESTRELLA.
De vous, Monseigneur
J'ai peur.

LE RÉGENT.
Tu sais mon amour.
Jamais telle flamme,
N'a, jusqu'à ce jour,
Brûlé dans mon âme.
Ici, devant moi,
Je vois tout sourire,
Mais je ne désire,
Et n'aime que toi.

ENSEMBLE.

ESTRELLA.
La ruse va me seconder:
Il soupire et, de son caprice,
J'aurai pour rien le bénéfice!
Oui, je puis tout lui demander;
Que j'y mette quelque malice
A tous mes vœux il va céder.

LE RÉGENT.
Sachons prudemment nous guider!
Ce langage et cet air novice
Ne sont, je crois, rien que malice.
Elle ne veut rien accorder;
Mais, malgré tout son artifice,
A mes vœux il faudra céder.

Voyons, que voulez-vous?

ESTRELLA, à part.
N'oublions pas Fernand.

LE RÉGENT.
Parlez, parlez, mon enfant.

ESTRELLA, avec une feinte timidité.
Je n'ose plus maintenant.

LE RÉGENT.
Vous voulez donc parlez sans peur,
Une place..

ESTRELLA.
Oui, monseigneur.

LE RÉGENT.
Une place près de la Reine,
Parmi les femmes du palais.

ESTRELLA.
Non... dans les gardes.

LE RÉGENT.
Hein!

ESTRELLA.
Je voulais...

LE RÉGENT.
Quoi?

ESTRELLA
Le brevet de capitaine.

LE RÉGENT.
Le brevet de capitaine!
Et pour qui? Pour votre mari?

ESTRELLA.
Non, Monseigneur, non pas pour lui.

LE RÉGENT.
Pour qui donc?

ESTRELLA.
Un pauvre jeune homme...

LE RÉGENT.
Que vous aimez...

ESTRELLA, vivement.
Non, Monseigneur.

LE RÉGENT.
Oh! j'en suis sûr et voilà comme
D'un mari vous gardez l'honneur.

ENSEMBLE.

ESTRELLA.
La ruse va me seconder;
Il soupire, et de son caprice,
J'aurai pour rien le bénéfice,
Oui je puis tout lui demander;
Que j'y mette quelque malice,
A tous mes vœux il va céder.

LE RÉGENT.
Sachons prudemment nous guider!
Ce langage et cet air novice
Ne sont, je crois, rien que malice;
Elle ne veut rien accorder;
Mais, malgré tout son artifice,
A mes vœux il faudra céder.

SCÈNE V.

LE RÉGENT, ESTRELLA, FERNAND.

LE RÉGENT.
Hein! qui vient là?

FERNAND.
Quelqu'un, monseigneur, dont vous accueillerez la demande, je l'espère.

LE RÉGENT, à *Estrella*.
Votre protégé, peut-être?

ESTRELLA.
Oui, monseigneur.

LE RÉGENT, *avec dépit*.
Ah! vraiment. (*A Fernand.*) J'en suis désolé; mais ce qu'on me demande pour vous est impossible.

FERNAND, à *part*.
Il refuse.

ESTRELLA.
Monseigneur!

LE RÉGENT.
Un brevet d'officier, à lui... un inconnu, sans nom, sans...

ESTRELLA.
Oh! vous vous trompez, monseigneur.

FERNAND.
Pauvre... oui, je le suis...

ESTRELLA.
Mais il est de noble maison... et son père...

FERNAND.
Se nommait don José d'Aguilar, marquis de Lesdesma.

LE RÉGENT, à *part*.
D'Aguilar!

ESTRELLA.
Il était puissant autrefois, mais il fut injustement renversé par un ennemi jaloux.

LE RÉGENT, *avec colère*.
Qui vous a dit?

FERNAND.
C'est moi, monseigneur.

LE RÉGENT.
M'accuser...

ESTRELLA, à *part*.
C'était lui! qu'ai-je fait?

FERNAND.
J'ai dit que mon père, sans l'avoir démérité, perdit la faveur du roi, son maître... il est mort dans l'exil... en France, où il m'a élevé... et moi, je reviens chercher fortune là où notre fortune s'est écoulée. Vous étiez l'ennemi de mon père, c'est pour cela que je m'adresse à vous.

LE RÉGENT.
J'aurais l'air en vous accueillant de réparer des torts, et je n'en ai pas... Je fus étranger à la disgrâce de votre père... et pour obtenir ma protection, il aurait fallu ne pas m'accuser d'abord. N'espérez rien de moi. (*Se retournant vers Estrella.*) Quant à vous, senora...

ESTRELLA.
J'attendrai un meilleur jour, monseigneur, car aujourd'hui vous n'êtes pas en humeur d'accorder...

LE RÉGENT, à *mi-voix*.
Pour vous, pour vous, c'est différent... et si vous avez une demande à me faire... (*Apercevant les personnages qui arrivent.*) Plus tard! voici la cour.

SCÈNE VI.

LE RÉGENT, ESTRELLA, FERNAND.

Des seigneurs entrent vivement; des écuyers portant leurs pennons, s'arrêtent dans la galerie.

CHOEUR DES SEIGNEURS.
Le Maure approche, un cri de guerre
A retenti dans ces Etats,
Levons la croix et la bannière
Quittons l'amour pour les combats.

ESTRELLA, à *part*.
Ah! que d'atours, quels brillants équipages!
Quels beaux seigneurs! quels charmants petits pages!

LE RÉGENT, à *part à Estrella*.
Au palais ce soir j'attendrai.

ESTRELLA, *bas*.
Non, Monseigneur, point n'y viendrai.

FERNAND, à *part*.
Retrouverai-je, hélas, de mon père
Un seul ami dans mon malheur.
De réussir je désespère.
Qui donc sera mon protecteur?...

LE RÉGENT, *aux seigneurs*.
Pour défendre le trône auquel il manque un roi,
Au conseil, Messeigneurs, vous viendrez avec moi.
La reine va bientôt se rendre à la chapelle,

Qu'elle entende sa cour,
Sa noblesse fidèle,
Lui témoigner ses vœux et son amour,
(*Il sort pour aller au-devant de la reine.*)
CHŒUR *des Seigneurs.*
Reine, à qui la beauté
Fait une double royauté,
Venez de votre cour
Ouïr les chants d'amour.
Bien moins doux encor que vos yeux
Brille l'azur des cieux,
Et de tièdes senteurs,
Montent vers vous du sein des fleurs
Avec l'amour de tous les cœurs.

SCÈNE VII.

Pendant la seconde partie du chœur, entre par la porte qui conduit aux appartements de la reine, un cortége ouvert par des hallebardiers suivis par des officiers du palais, portant des bannières, et qui vont les ranger dans la galerie extérieure, auprès des pennons des chevaliers. Paraissent ensuite les alcades, les haults-justiciers, puis les dames de la cour avec des jeunes filles vêtues de blanc, et qui portent des corbeilles de fleurs. Elles se rangent pour laisser passer la Reine avec le Régent, marchant à sa gauche. Fernand est confondu dans la foule qui le cache. Estrella, pour voir la Reine, s'avance curieusement derrière les dames.

LA REINE.

Mon cœur charmé reçoit l'hommage
Et les vœux de ma cour;
De ma couronne un bien doux apanage
Nobles seigneurs, c'est votre amour.
FERNAND, *frappé par la voix de la Reine, cherche à se frayer un passage derrière les dames sans être aperçu, il arrive auprès d'Estrella, jette les yeux sur la Reine et s'écrie :*
C'est elle!
LES SEIGNEURS, *à la Reine.*

Si le Maure s'avance,
Au signal des combats,
Aussitôt, d'une lance
Va s'armer chaque bras.
UNE PARTIE DES SEIGNEURS.
Nous offrons pour la guerre
Nos enfants, nos vassaux.
D'AUTRES SEIGNEURS.
Notre fief tributaire.

D'AUTRES.
Nos trésors, nos joyaux.
(*Des serviteurs appartenant aux chevaliers s'avancent, ployent le genou devant la Reine et ouvrent de riches coffrets contenant les trésors de leurs maîtres.*)
FERNAND, *qu'Estrella cherche vainement à retenir, s'avance vers la Reine qui réprime à sa vue un mouvement d'émotion.*
Je viens aussi, Madame,
Vers vous, pauvre inconnu,
M'incliner à vos pieds, tout tremblant, tout ému,
Je viens quand tout proclame
L'amour de tous les cœurs;
Oui, je viens me ranger parmi vos défenseurs,
Mais quand de son hommage
Chacun vous offre un gage,
Moi... je n'ai que ces fleurs.
(*Il montre le bouquet qu'il a tiré de son sein.*)
LA REINE, *agitée, émue, parvient à maîtriser son trouble et dit d'un ton glacial.*
Quel est cet homme?
LE RÉGENT.
Téméraire!
LA REINE.
Qu'il s'éloigne.
FERNAND, *stupéfait, laissant tomber son bouquet.*
O douleur!

LES CHEVALIERS.

Audacieux! arrière, arrière!
FERNAND, *ramassant son bouquet.*
Revenez, pauvre fleur,
Revenez sur mon cœur!
(*Le Régent s'approche de la Reine et l'invite à continuer sa marche vers la chapelle. Le cortége se reforme lentement, la cour est silencieuse et émue. La Reine passe froidement près de Fernand et gagne la galerie extérieure.*)
FERNAND, *reste entièrement isolé et tenant ses fleurs à la main, il dit avec l'accent de la plus profonde douleur.*
O mon bonheur perdu! je n'ai plus d'avenir!
Je n'ai plus qu'à mourir.
(*Il chancelle, Estrella, revient vers lui; la Reine, à l'extrémité de la galerie, prête à disparaître, détourne la tête et jette sur Fernand un dernier regard.*)

FIN DU PREMIER ACTE.

ACTE DEUXIÈME.

Des jardins. — A gauche un pavillon attenant à une façade latérale du palais; à ce pavillon et en regard du public une fenêtre fermée par un treillage de bois doré qui se relève et s'abaisse. On descend du pavillon dans le jardin par quelques degrés. — Deux tables où sont assis et boivent d'un côté des chevaliers, de l'autre des soldats.

SCÈNE PREMIÈRE.

SEIGNEURS ET SOLDATS, PLUS TARD FERNAND.

CHOEUR.

Noble soldat du beau royaume,
Du beau royaume de Léon,
Fais au soleil briller le heaume,
L'éperon d'or et le pennon.
Donnons ce jour à nos maîtresses,
En riant aimons et buvons...
La guerre aura d'autres ivresses,
    Nous vaincrons
    Au bruit des clairons!

FERNAND, *qui vient d'entrer tout rêveur.*

Suivant l'appel de la victoire,
Volons au-devant des combats,
Aux vaillants ils donnent la gloire,
Aux malheureux un beau trépas.

CHOEUR.

Noble soldat du beau royaume,
Du beau royaume de Léon,
Fais au soleil briller le heaume,
L'éperon d'or et le pennon,
Donnons ce jour à nos maîtresses,
En riant aimons et buvons...
La guerre aura d'autres ivresses,
    Nous vaincrons
    Au bruit des clairons!

FERNAND, *aux seigneurs.*

Oui le salut du trône, aujourd'hui nous appelle,
Daignez donc m'accueillir au rang de vos soldats!
  (*A part.*)
En l'oubliant mourons du moins pour elle!

SCÈNE II.

LES PRÉCÉDENTS, LE RÉGENT, *sortant du pavillon.*

LE RÉGENT.

Plus bas, Messieurs, plus bas!
Suspendez ces chants de victoire;
La reine est dans son oratoire.
        (*Il montre le pavillon.*)
FERNAND, *à part.*
Elle est là!
        LE RÉGENT, *aux seigneurs.*
Ne la troublons pas!

CHOEUR, *à mi-voix.*

Retirons-nous avec prudence,
    Que ces bosquets
    Restent muets,
    Notre présence
Troublerait les échos,
    Le doux silence
Conduit seul au repos.
(*Ils s'éloignent et emmènent Fernand, qui plongé dans sa mélancolie, restait les yeux fixés sur le pavillon.*)

SCÈNE III.

LE RÉGENT, *seul.*

Nous, attendons la reine. Forcé par sa majorité d'abdiquer bientôt la régence, tâchons du moins de n'en perdre que le titre. Ce mariage avec le roi d'Aragon me laissera le pouvoir, et alors Estrella... nous verrons.

RÉCITATIF.

C'est contre mon amour trop longtemps te défendre,
Beauté rebelle enfin il faut te rendre.

AIR.

Toi qui séduis mon cœur,
Sirène enchanteresse,
O gentille maîtresse,
Je veux par mon ardeur
Désarmer ta rigueur!
Recherchant l'ombre et le mystère;
Le cœur empli d'un doux émoi,
Estrella, quelque jour moins fière,
L'amour doit te livrer à moi.
Tout reconnaît ma loi
Car...
C'est moi, c'est moi, c'est toujours moi
Qui suis ministre, qui suis Roi!
    Sous une jeune Reine
    Que le plaisir enchaîne,
    Tout est conduit par moi,
    Je suis ministre, je suis Roi!
De moi seul dépendent les places,
Les honneurs, les colliers, les grâces,
Chacun m'aborde chapeau bas:
« Monseigneur, ne m'oubliez pas! »
« Ne m'oubliez pas. »
(*Il fait signe de demander de l'argent, puis un collier d'ordre comme celui qu'il porte; puis prenant la voix douce d'une jeune sollicitense.*)

Monseigneur, ne m'oubliez pas!
Bien, chère petite. — Et vous qui vous prosternez...
Plus bas, plus bas, plus bas!
Car...
C'est moi, c'est moi, c'est toujours moi!
Qui suis ministre, qui suis roi.

SCÈNE IV.

LE RÉGENT, ESTRELLA.

ESTRELLA, *sans voir le Régent.*

Pauvre jeune homme! qu'est-il devenu? nous ne l'avons pas revu depuis ce matin... j'ai envoyé mon mari le demander par toute la ville... et moi je vais m'informer au palais... (*Apercevant le Régent.*) Ah!.. Monseigneur...

LE RÉGENT.

C'est vous, ma belle enfant!.. que cherchez vous?

ESTRELLA, *à part.*

A coup sûr... ce n'est pas lui.

LE RÉGENT.

Ainsi que je vous l'ai dit ce matin... avez-vous quelque chose à me demander?

ESTRELLA.

Peut être!.. mais je n'ose pas! (*A part.*) Il est trop tard, mal disposé pour Fernand.

LE RÉGENT.

Vous n'osez... et pourquoi?

ESTRELLA.

Parce que vous êtes trop sévère.

LE RÉGENT.

J'allais vous faire le même reproche.

ESTRELLA.

A moi!..

LE RÉGENT.

A peine, ce matin, avez-vous daigné m'accorder audience.

ESTRELLA.

J'ai fait comme vous... qui avez refusé d'écouter ce pauvre jeune homme.

LE RÉGENT.

Toujours lui!.. savez-vous que je serais jaloux de ce beau cavalier... si j'étais Maximus.

ESTRELLA.

Par bonheur vous n'êtes pas lui.

LE RÉGENT, *d'une voix caressante presque à l'oreille d'Estrella.*

C'est la seule place que j'envie!

ESTRELLA.

Vous qui en avez tant!

LE RÉGENT.

Raison de plus! quand on est ambitieux, vois-tu bien...

ESTRELLA.

On veut les avoir toutes...

LE RÉGENT, *avec ardeur.*

Oui.., toutes!

ESTRELLA.

Et quelques autres encore!

LE RÉGENT.

Tu l'as dit... aussi mon pouvoir... mon crédit, je mettrais tout à tes pieds, et pour cela tu n'aurais qu'à vouloir.

ESTRELLA.

A vouloir... en vérité c'est à bon marché... et que faudrait-il donc?

LE RÉGENT.

M'aimer!...

ESTRELLA, *vivement.*

Ah! bien non! c'est trop cher!

LE RÉGENT.

Rien qu'un peu!

ESTRELLA, *avec coquetterie, pour amener le régent à ce qu'elle désire.*

Si peu que ce soit... ça ne dépend pas de la volonté... il faut que cela vienne!

LE RÉGENT, *avec insinuation.*

Cela viendra... si tu veux seulement y aider un peu!

ESTRELLA.

Dam!.. c'est à vous de m'aider... et si vous étiez un peu mieux... (*Mouvement du régent*) je veux dire plus gracieux... plus aimable... plus obéissant!... (*Elle appuye sur ce dernier mot*) cela avancerait peut-être.

LE RÉGENT, *vivement.*

Tu crois?...

ESTRELLA, *de même.*

Je dis... peut-être!... on ne sait pas!

LE RÉGENT.

Eh bien... pour ton mari... pour toi... et pour les tiens demande, et tu verras.

ESTRELLA, *lentement.*

Je n'aime pas à demander.

LE RÉGENT.

Alors... c'est accordé d'avance... un ordre... un mot de ta main...

ESTRELLA, *du même ton.*

Je n'aime pas à écrire!...

LE RÉGENT, *à part.*

Elle ne veut pas se compromettre. (*Haut*). Eh bien... un gage... un signe, celui que tu voudras. Tiens, ce nœud de rubans... envoyé par toi... et tes moindres désirs seront à l'instant remplis. (*Il soulève du bout de ses doigts le ruban que porte Estrella dans ses cheveux.*

ESTRELLA, *levant de côté les yeux sur le régent.*

C'est mieux! et si vous continuez comme cela... longtemps... (*Appuyant sur le mot*), très longtemps!... (*Vivement*), ça pourra venir.

LE RÉGENT.

Est-il possible!...

ESTRELLA, *entendant parler dans le jardin.*

Silence!... c'est Maximus!...

LE RÉGENT, *à demi-voix et d'un air joyeux.*
Adieu! adieu! à bientôt!

SCÈNE V.

ESTRELLA, FERNAND, MAXIMUS.

MAXIMUS, *tenant Fernand par la main.*
Comment vous voulez vous en aller! par saint Jacques... c'est ce que nous verrons!

ESTRELLA.
Qu'est-ce que c'est?

MAXIMUS.
Notre ami qui veut partir à l'instant même et sans nous faire ses adieux.

ESTRELLA.
Par exemple!

MAXIMUS.
C'est ce que je lui ai dit... par exemple! ma femme se fâchera... (*A Fernand*), et vous voyez?

ESTRELLA.
Nous quitter... voilà une belle idée, nous quitter!

FERNAND.
Non pas vous!... mais la cour... mais le royaume de Léon...

ESTRELLA.
C'est tout comme!

MAXIMUS.
Et pourquoi?

FERNAND.
Parce qu'il le faut!

MAXIMUS.
Donnez-nous du moins une raison.

FERNAND.
La raison... c'est que je le veux... c'est que je mourrais ici... de rage et de dépit.

MAXIMUS, *haussant les épaules.*
J'y suis! on vous a fait quelque passe-droit! eh mon Dieu, ça se voit tous les jours.

ESTRELLA.
Mais... ça se réparera. Vous obtiendrez justice!..

MAXIMUS.
Oui, oui... vous obtiendrez justice... avec des protections! si vous en avez!

FERNAND.
Des protections... à moi!... vous ne savez donc pas que j'ai rendu à la reine, un grand... un immense service.

MAXIMUS.
Est-il possible... ce brave jeune homme... ce cher ami.

FERNAND.
Je lui ai sauvé la vie... moi... moi-même!

MAXIMUS.
Oh! saints du paradis! votre fortune est faite! vous voilà ministre! ce bon Fernand!... moi qui l'ai accueilli... reçu chez moi! car ma maison vous était ouverte... et maintenant que vous allez en avoir une... un palais... et du pouvoir! (*Il lui serre la main*).

FERNAND, *avec amertume.*
Du pouvoir! je ne m'en aperçois guère jusqu'ici.

MAXIMUS.
Parce que vous vous êtes tenu à l'écart... mais nous sommes là... nous parlerons! on a des amis... ou on n'en a pas. Et l'on partage ensemble la bonne ou la mauvaise fortune... voilà comme je suis! et ma femme aussi... n'est-ce pas que tu es comme ça... nous sommes comme ça. (*Il serre de nouveau la main de Fernand avec amitié.*)

FERNAND.
Hélas! le partage sera bientôt fait... car on m'a pendant la reine m'a fait repousser par ses gardes.

MAXIMUS, *quittant la main de Fernand.*
Ah bah!

ESTRELLA.
Elle ne vous aura pas reconnu...

FERNAND.
Ne pas me reconnaître... lorsque pendant plusieurs minutes mes regards ont été fixés sur les siens, lorsqu'en l'emportant... je la tenais pressée là... contre mon cœur.

MAXIMUS, *poussant un cri.*
Ah!

FERNAND.
Qu'avez-vous!

MAXIMUS.
Un frisson qui me glisse du haut en bas, (*Balbutiant*)... vous... vous... vous avez touché à la reine!

FERNAND.
Son coursier l'eût tuée... je vous l'ai dit ce matin.

ESTRELLA, *à Maximus.*
C'était elle!

FERNAND.
Si je ne l'avais enlevée dans mes bras.

MAXIMUS, *tremblant.*
Dans vos... ah! ah! ah! (*Marchant à grands pas*) quel malheur! quel malheur!

FERNAND, *étonné.*
Comment?

MAXIMUS, *à part.*
Et je l'ai reçu chez moi... on l'a vu dans ma maison... donner le bras à ma femme... ça n'est pas si dangereux qu'à sa majesté... mais enfin...

FERNAND.
Expliquez-moi!...

MAXIMUS, *d'une voix sombre.*
Vous avez touché à la reine!

FERNAND.
Eh bien?

MAXIMUS.
Et vous n'avez pas frémi ?
FERNAND.
Si vraiment !.. de bonheur, de plaisir !..
MAXIMUS.
Mes cheveux se dressent sur ma tête...
FERNAND.
Et lorsqu'elle est revenue à la vie, quand j'ai senti son cœur battre sous ma main...
MAXIMUS, *épouvanté*.
Assez !.. assez ! (*A part*.) Peine de mort ! peine de mort !
FERNAND.
Mon ami.
MAXIMUS.
Que me voulez-vous, de quoi me parlez-vous ? est-ce que je vous connais,,. moi ?.. est-ce que je sais qui vous êtes ?.. on a boutique ouverte, on laisse entrer tous ceux qui se présentent, on les reçoit, on leur fait politesse... mais on ne les connait pas pour cela... je ne suis donc pas votre complice... puisque je ne vous connais pas... je vous suis tout-à-fait étranger... ma femme aussi, et je vous prie de nous laisser tranquille. Estrella, viens. (*Il fait quelques pas pour sortir.*
FERNAND *et* ESTRELLA, *le suivant*.
Maximus !..
MAXIMUS, *dans le plus grand trouble*.
Qu'est-ce que c'est ..ne me retenez pas !.. laissez-moi passer mon chemin... a-t-on jamais vu... ne dirait-on pas que... parce que lui a... il faudrait que moi... je... par exemple ! (*Il sort.*)

~~~~~~

SCÈNE VI.
FERNAND, ESTRELLA.

FERNAND, *à part*.
C'est-à-dire... qu'il est fou !.. et quand je pense que cela vient de lui prendre subitement.
ESTRELLA, *qui est revenue s'approche de Fernand et lui dit à demi-voix*.
Imprudent !
FERNAND.
Et vous aussi ?..
ESTRELLA.
Ne parlez à personne... de ce que vous venez de nous apprendre !.. c'est déjà trop que Maximus en soit instruit.
FERNAND.
Et pourquoi ?
ESTRELLA.
Parce qu'il y va de vos jours... parce que vous êtes perdu...
FERNAND.
Pour avoir sauvé la reine ! (*Le grillage de l'oratoire s'abaisse, la reine paraît et se recule vivement à la vue de Fernand.*)

ESTRELLA.
Non... mais pour l'avoir relevée dans vos bras... voilà où est le malheur...
FERNAND.
Dis donc le seul bonheur qui me reste... lorsqu'elle était là, évanouie... et moi à genoux... devant elle... tenant sa main dans la mienne... si tu savais ce que j'éprouvais alors, quel feu brûlait mon sang !.. (*Mouvement de la reine.*)
ESTRELLA, *vivement*.
Il ne fallait pas, monsieur, il ne fallait pas. Élevé loin d'ici, en France... vous ignorez que toucher à la reine, c'est un crime affreux... épouvantable... un crime que l'on punit de mort !
FERNAND.
Allons donc !
ESTRELLA.
C'est comme je vous le dis !
FERNAND.
Et la reconnaissance ?..
ESTRELLA.
C'est ainsi qu'on l'entend dans ce pays... et j'espère que ça doit vous effrayer ?
FERNAND.
Moi !... vienne un nouveau péril et au risque de ma vie, je serai trop heureux de la sauver encore. Quoique tout-à-l'heure elle m'ait repoussé... méconnu... mais, comme tu le disais... ils sont tous ingrats, c'est leur nature ! (*Dans son agitation il fait quelques pas devant la fenêtre du pavillon, la reine se retire vivement de peur d'être aperçue, mais Fernand, sans la voir, revient auprès d'Estrella*). Mon père avait fidèlement servi son roi et ce roi l'a banni ! moi j'ai sauvé la reine et ingrate comme son père, elle a dit en me voyant : Quel est cet homme...? qu'il s'éloigne. (*Il remonte le théâtre, la reine s'élance vers la porte du pavillon où elle s'arrête, Fernand est ramené par Estrella, la reine revient lentement à la fenêtre.*)
ESTRELLA.
Don Fernand... calmez-vous ?
FERNAND.
Non pas que je veuille rien d'elle !... car si je regrette la faveur qu'un instant j'avais rêvée, c'est pour toi, Estrella ; pour te faire obtenir près de la reine cet emploi que tu désires et que le régent voudrait te faire acheter. (*La reine fait un mouvement d'attention.*)
ESTRELLA.
Quoi !... vraiment... vous auriez voulu me protéger ?
FERNAND.
C'est tout naturel.
ESTRELLA.
Eh bien... si c'était moi... au contraire qui vinsse à votre aide.
FERNAND.
Toi ?

ESTRELLA.
Voyons... que désirez-vous en ce moment?...
FERNAND.
Tu me le demandes! ce serait de vivre près d'elle... de l'adorer en secret... de la voir à chaque instant ; enfin, d'obtenir d'elle un regard de bonté, un sourire de bienveillance..
ESTRELLA.
Ça, ça regarde personnellement la reine... mon pouvoir ne va pas jusque-là !
FERNAND, *passant avec agitation devant Estrella.*
Et la reine s'est écriée: Quel est cet homme? qu'il s'éloigne! aussi je veux partir... aller me faire tuer pour elle... comme soldat.
ESTRELLA.
Vous... un gentilhomme.
FERNAND.
Et le moyen de faire autrement... est-ce que je peux lever une compagnie à mes frais! est-ce que je peux en obtenir une?
ESTRELLA.
Peut-être !
FERNAND.
Et qui donc me la donnerait?
ESTRELLA.
Moi!...
FERNAND, *souriant.*
Toi!... Estrella? et comment ?
ESTRELLA, *détachant le nœud de ruban de sa coiffure et l'attachant à son corsage.*
Vous allez le savoir.

PREMIER COUPLET.

Je connais une chaîne,
Un galant talisman,
Par qui l'amour vous mène
Et commande en tyran.
Par lui que de conquêtes !
Que de brillants exploits
Ont au front des coquettes
Mis le bandeau des rois.
Voyez-vous cet amant,
Infidèle un moment,
Il revient plus constant.
Et plus brûlant
Qu'auparavant...
Quelle est donc cette chaîne,
Quel est le talisman,
Qui soudain le ramène ?...
(*Détachant le ruban de son corsage.*)
C'est un ruban,
Un ruban!

DEUXIÈME COUPLET.

Par son pouvoir suprême,
Tout vous sera soumis,
Et le régent lui-même
Sera de vos amis.

Oui, de son insolence
Ne craignez plus d'affronts;
De son obéissance
C'est moi qui vous réponds.
Oui, monsieur, oui, vraiment,
Ce qu'hélas, tout tremblant
Vous n'osez demander,
On va vous l'accorder...
Et ce pouvoir suprême,
Ce galant talisman,
Tenez, voyez vous-même:
C'est un ruban,
Un ruban !

Vous allez présenter celui-ci à monseigneur le régent, de ma part...
FERNAND, *étonné.*
De ta part?
ESTRELLA.
Et vous lui demanderez en échange... une compagnie... une belle compagnie...
FERNAND.
Allons donc !...
ESTRELLA.
Qu'il vous accordera sur-le-champ.
FERNAND.
Tu te moques de moi !
ESTRELLA.
Vous allez voir !... car le voici... (*A part vivement*) Et mon mari que j'oubliais ! (*Elle fait quelques pas pour sortir, se retourne et voyant l'étonnement de Fernand.*) Eh bien... quand vous me regarderez ainsi... allons? du courage... on dirait que vous tremblez... et vous voulez commander une compagnie !!... (*Lui faisant la révérence.*) Adieu, monsieur le capitaine. (*Elle sort en courant.*)

SCÈNE VII.

FERNAND, PUIS LE RÉGENT.

FERNAND, *à part et regardant le nœud de ruban qu'il tient à la main.*
C'est à confondre!... ma foi, après tout... qu'est-ce que je risque?.. d'être banni de la cour... et je le suis déjà ! (*Il s'approche du régent qui vient d'entrer tenant des papiers à la main.*)
LE RÉGENT, *levant la tête.*
Qu'est-ce? (*A part.*) Don Fernand d'Aguilar.... le protégé d'Estrella. (*Haut.*) Vous ici, seigneur Fernand ! Je croyais que la Reine vous avait banni de sa présence.
FERNAND.
Et prêt à m'éloigner... Je venais remplir un message... dont m'a chargé la senora Estrella.
LE RÉGENT, *vivement.*
Un message de sa part... et pour moi.
FERNAND, *à part.*
Comme il s'adoucit.

LE RÉGENT, *avec défiance.*

Qu'est-ce donc ?... Parlez ?

FERNAND. *Il s'approche du Régent, et après s'être incliné.*

Ce nœud de rubans qu'elle m'a dit de remettre à votre seigneurie...

LE RÉGENT, *étendant sa main.*

En vérité !

FERNAND, *retirant la sienne.*

En échange d'une compagnie...

LE RÉGENT.

Pour vous !

(*Fernand s'incline sans répondre.*)

LE RÉGENT, *à part, lentement.*

Il est évident que moi... et Maximus... Maximus et moi... on nous trompe tous les deux... Raison de plus pour éloigner au plus vite celui qu'elle protège. (*A Fernand.*) Soit !

FERNAND, *stupéfait.*

Est-il possible !

LE RÉGENT.

J'accorde. (*Il arrache le nœud de rubans des mains de Fernand.*) Vous partirez dans une heure ; vous irez rejoindre le marquis d'Escalonna, qui commande un corps de deux mille lances sur les frontières de l'Estramadure...

FERNAND.

Quoi ! vraiment... monseigneur ?

LE RÉGENT.

Pas un mot de plus. Tel est l'ordre de la reine... et le mien... Vous serez dans une heure loin d'ici, ou sinon...

FERNAND.

Je pars, monseigneur... le temps seulement de remercier et d'embrasser Estrella.

(*Il sort en courant.*)

SCÈNE VIII.

LE RÉGENT, *seul, avec colère, et faisant quelques pas.*

Eh bien !... par exemple ! (*S'arrêtant.*) Heureusement j'en serai bientôt débarrassé, et pendant qu'il sera sur les frontières, occupé à se battre contre les Maures... il faudra bien qu'on me tienne compte de ce que j'aurai fait pour lui (*Montrant le nœud de ruban*), et qu'on me rachète ce gage.

(*Le pavillon s'ouvre, deux pages en sortent et se tiennent au pied des degrés. La Reine descend, et fait quelques pas dans le jardin.*)

C'est la Reine. Continuons ; par l'ennui des affaires, à lui inspirer le désir de s'en délivrer sur moi... avant comme après son mariage.

SCÈNE IX.

LE RÉGENT, LA REINE, DEUX PAGES.

LA REINE.

Ah ! c'est toi, don Fabrique ?

LE RÉGENT.

Moi-même, qui viens de nouveau m'exposer au courroux de Votre Majesté. (*Prenant les papiers qu'il tenait à la main en entrant, et qu'il a placés dans son sein.*) Je vais lui parler des affaires de l'État.

LA REINE.

Oui, tu me reproches toujours de ne pas m'en occuper, et je veux te prouver que je me corrige !

LE RÉGENT, *à part.*

C'est ce que nous allons voir !... Si Votre Majesté veut passer dans...

LA REINE.

Non, nous sommes si bien ici !

LE RÉGENT.

Soit ! (*Aux pages.*) Dans le cabinet de la Reine j'ai remis hier un portefeuille en velours... qu'on nous l'apporte... Allez !

(*Les deux pages sortent.*)

LA REINE.

Quoi ! ce vaste portefeuille...

LE RÉGENT.

Votre Majesté s'effraie-t-elle déjà ?

LA REINE.

Pour toi, don Fabrique ! car j'ai beaucoup de choses à te dire..... (*Sans le regarder.*) D'abord, tu as dernièrement nommé Maximus argentier de la cour...

LE RÉGENT.

Votre Majesté en serait-elle mécontente ?

LA REINE, *gravement.*

Très bon choix ! homme de génie... il m'a fait des bracelets magnifiques... Pour le récompenser (*Appuyant sur les mots*) tu nommeras sa jeune femme à quelque office auprès de notre personne !

LE RÉGENT, *étonné.*

Qu'entends-je ? Qui donc a recommandé la senora Estrella à Votre Majesté ?

LA REINE.

Toi-même ! tu m'en as parlé plusieurs fois. (*Gracieusement.*) Et dès que tu le veux, nous le voulons.

LE RÉGENT.

Mais...

LA REINE, *avec autorité.*

C'est notre désir...

LE RÉGENT, *à part.*

D'où vient tant d'intérêt ?

LA REINE, *avec un peu d'embarras sans regarder le Régent.*

Tu as aussi ce matin donné audience à un jeune gentilhomme.

LE RÉGENT.
Moi !
LA REINE.
Auquel, m'a-t-on dit, tu désires être utile... car on a envers lui des torts à réparer.
LE RÉGENT.
Don Fernand d'Aguilar !
LA REINE, *feignant l'étonnement.*
Ah ! on le nomme d'Aguilar... (*Noblement*) les gentilshommes de cette maison ont rendu de grands services à la couronne de Léon. Je ne veux pas qu'ils puissent nous croire ingrate (*En appuyant sur ce mot elle indique qu'elle se rappelle les paroles de Fernand.*)
LE RÉGENT.
Aussi je viens de lui accorder une compagnie et de le placer dans l'Estramadure.
LA REINE.
Ce n'est pas assez !
LE RÉGENT.
Pas assez loin ?
LA REINE.
Pas assez haut (*Toujours sans regarder le Régent*) tu le nommeras écuyer près de notre personne !
LE RÉGENT, *à part.*
Je reste stupéfait (*Haut*), mais, madame.
LA REINE.
Puisse cette faveur, qu'il te devra, attester à tous les yeux la haute estime que nous accordons à notre bien-aimé cousin et tuteur.
LE RÉGENT.
S'il en est ainsi j'ose espérer que votre majesté accueillera mes avis sur un sujet bien autrement important.
LA REINE, *avec bienveillance.*
Et lequel ?
LE RÉGENT.
Votre mariage !
LA REINE.
Ah ! encore !
LE RÉGENT, *suivant pas à pas la reine qui s'est mise à marcher avec ennui.*
Je n'ai reçu le pouvoir pendant votre minorité que pour le remettre aux mains d'un roi... il faut donc choisir.. et le roi d'Aragon.
LA REINE.
Tu le protèges beaucoup.
LE RÉGENT.
Il a de grandes qualités !
LA REINE.
Oui (*A part*), faible et dévot ! avec lui mon cher tuteur continuerait la régence indéfiniment. (*Les deux pages rentrent en ce moment, l'un tient le portefeuille demandé par le régent, l'autre apporte pour la reine un fauteuil à ses armes, il le dépose auprès de la table qu'il avance ainsi que le siège de jardin qui se trouvait là.*)

LE RÉGENT, *aux pages.*
Retirez vous ?
LA REINE.
Un moment ! (*au régent.*) Quand on fait des heureux, la promptitude ajoute au bienfait (*Au page qui est resté*). Préviens notre argentier que monseigneur le régent veut bien attacher sa femme à notre service (*Le page s'incline et va sortir*).
LA REINE, *vivement.*
Ce n'est pas tout. (*Le page revient, la reine continue avec un peu d'embarras et sans regarder le régent.*) Préviens aussi don Fernand d'Aguilar qu'il reste à ma cour et qu'à dater d'aujourd'hui il prendra rang parmi nos écuyers (*Mouvement du régent, la reine fait signe au page l'exécuter ses ordres. Le page s'incline et sort*).

DUO.

LA REINE.
A tes désirs, Seigneur, la Reine aime à souscrire :
Tu dois le voir !
LE RÉGENT.
Pour lors, Madame, écoutez-moi ?
LA REINE.
Mon sage gouverneur, qu'as-tu donc à me dire ?
S'agit-il d'une chasse ou d'un brillant tournoi ?
LE RÉGENT.
Des affaires d'État le souci nous réclame !
LA REINE, *avec effroi.*
Sera-ce long ?
LE RÉGENT.
C'est important, Madame !
LA REINE, *soupirant avec résignation.*
Allons ! (*Elle s'assied.*)
LE RÉGENT.
Je vous ai dit que le roi d'Aragon
Pour notre commune défense,
Nous offre de faire alliance
Contre les Maures.
LA REINE, *naïvement.*
Pourquoi non,
Je ne vois pas que rien s'oppose...
LE RÉGENT.
Je vous remis, hier soir, le traité
Qu'à votre Majesté
Ce prince propose,
Vous l'avez lu ?
LA REINE.
Non pas vraiment !
Je m'endormis involontairement !
LE RÉGENT.
Je vais donc, veuillez le permettre,
Sans retard vous le soumettre.

(*La Reine lui fait signe qu'il peut s'asseoir, il ouvre son portefeuille et cherche parmi les papiers.*)

Juste ciel !

LA REINE.
Quel courroux !

LE RÉGENT.
Ce n'est pas sans raison,
Dans vos papiers d'État, je trouve une chanson !

LA REINE.
Mon boléro perdu, ce joli chant que j'aime.
Donne... (*Elle prend la chanson et se lève.*)

LE RÉGENT, *suivant la reine.*
Je vous disais que le roi d'Aragon
Nous propose.. Écoutez : voici le traité même.

(*Lisant un parchemin qu'il a pris sur la table.*)

« Entre la Reine de Léon,
« Et puissant prince d'Aragon,
« Sous foi, serment, sous leur parole »
Et cætera... le protocole..

LA REINE, *sa chanson à la main.*

« Pablo le muletier,
« Voyageant en Castille,
« Trouve Inézille
« Dans un sentier.
« En route il faut causer ;
« Et Pablo devient tendre
« Puis il veut prendre
« Un doux baiser.
« Mais la belle,
« D'humeur rebelle,
« Répondit fièrement, dit-on,
        « Non. »

LE RÉGENT, *qui, pendant ce couplet, a vainement essayé de reprendre sa lecture.*

Écoutez-moi, madame,
Le traité nous réclame.

LA REINE.
Tra la la, tra la la.

LE RÉGENT, *jetant ses paroles au milieu du chant de la reine.*

Le roi promet en cas de guerre,
Et doit fournir, outre son bras.
Argent... chevaux... soldats... pour faire
Une défense aux deux États ..

LA REINE.
Tra la la, tra la, la.

LE RÉGENT, *à part.*
Irrévérence
Qui me confond,
C'est sa romance
Qui me répond !

(*La reine va s'asseoir.*)

LE RÉGENT, *se tenant debout à sa droite.*
Écoutez-moi, Madame
Laissez votre chanson !

(*La Reine dépose la chansonnette sur la table, le régent continue, son traité à la main.*)

Je vous ai dit que le Roi d'Aragon...

LA REINE.
Oui, tu l'as dit, et souvent ! sur mon âme !

(*Prenant le traité et imitant le ton grave du Régent.*)

Il nous propose alliance et traité...

LE RÉGENT.
Vous n'avez pas encore
Un instant écouté.
Il faut nous prémunir pour combattre le Maure!

(*Voyant que la reine sans l'écouter fredonne sa chansonnette.*)

Laissez votre chanson un instant, par bonté !

LA REINE, *qui cherche dans sa tête le second couplet de sa chansonnette se le rappelle et se lève vivement, tenant encore le traité à la main.*

« Mais il tonna le soir:
« Elle eut peur, comment faire ?
« Est-on sévère
« Quand il fait noir?
« Pablo pour apaiser
« La frayeur d'Inézille,
« Quand l'éclair brille,
« Prend maint baiser.
« Mais la belle,
« Toujours rebelle
« Chaque fois répétait, dit-on,
    « Non. »

LE RÉGENT, *cherchant à mettre le doigt sur un passage du traité, et suivant ainsi tous les mouvements du bras de la Reine qui bat la mesure.*

Le roi promet, en cas de guerre,
Et doit fournir, outre son bras,
Argent... chevaux... soldats... pour faire
Une défense aux deux États.

LA REINE.
Tra la la, tra la la, tra la la.

LE RÉGENT, *à part.*
Irrévérence
Qui me confond !
C'est sa romance
Qui me répond !

(*La chansonnette finie, la Reine remet au régent le traité tout chiffonné par elle en battant la mesure.*)

LE RÉGENT.
En outre à ce traité ci...

LA REINE, *l'interrompant.*
Souffrez que je me repose.
(*Elle va se rasseoir dans son fauteuil.*)

LE RÉGENT.
Est jointe une lettre close
Qui doit se trouver ici.

(*Il passe de l'autre côté de la table et se met à chercher dans le portefeuille.*)

LA REINE, *étendue dans son fauteuil et fermant les yeux.*

J'écoute bien mieux ainsi.

LE RÉGENT, *relisant avec humeur tous les papiers du porte-feuille.*

Impossible de mettre
La main sur cette lettre...
(*A la Reine.*)   (*A part.*)
Auriez-vous... Elle dort! dormir! quand je voulais
Faire signer cet acte utile à mes projets...
Qu'importe!... allons dans l'ennui qui l'obsède

Il se peut qu'elle cède...
Profitons-en, cherchons cette lettre au palais.

(*Il entre dans le pavillon. La Reine, qui ne dort qu'à moitié, passe sans rouvrir les yeux son mouchoir sur son front, puis elle agite son éventail de plumes. Son bras, dont le mouvement devient plus lent, retombe, et indique qu'elle s'est endormie tout-à-fait*).

SCÈNE X.

LA REINE, *endormie*, FERNAND, *entrant.*

FERNAND, *avec émotion.*

Écuyer de la Reine et par elle nommé!
Je vais donc chaque jour la contempler, l'entendre!
Son regard doux et pur dans mon cœur va descendre;
Je vais respirer l'air par son souffle embaumé!
(*Il l'aperçoit.*)
Dieu! c'est elle! Elle dort!... et partout le silence...
Elle est seule... O mon Dieu, prolonge mon bonheur.
Elle est seule, elle dort... et je puis sans offense
Laisser enfin parler mon cœur!

CAVATINE.

Fleur de beauté, suave reine,
Vierge qui dors pure et sereine,
Ange qui m'as donné l'amour!
Je puis enfin, devant toi-même,
Le prononcer ce mot suprême
Que n'entendit jamais le jour :
Je t'aime!
Laisse-moi le redire,
Te dire encor tout bas
Mon secret, mon délire
(*La Reine fait un léger mouvement.*)
Ne te réveille pas!
Je t'aime, je t'aime, je t'aime!
(*La Reine laisse tomber son éventail. Fernand recule avec effroi.*)
De tous mes sens un vertige s'empare
Illusion cesse de m'enivrer!
Ma tête brûle et ma raison s'égare...
A ses genoux, je me sens attirer.
Rêve le mot suprême
Que je te dis tout bas ;
Mais ne l'éveille pas...
Je t'aime, je t'aime!

(*Hors de lui, il pose ses lèvres sur le front de la reine; le régent qui sort du palais a tout vu ainsi que Maximus et Estrella qui arrivaient par une allée du jardin.*)

SCÈNE XI.

LES PRÉCÉDENTS, LE RÉGENT, MAXIMUS, ESTRELLA, UN PAGE.

MAXIMUS ET ESTRELLA.

Grand Dieu!

LE RÉGENT, *s'avançant près de la reine, après avoir fait un signe au page, qui sort.*

Madame!

LA REINE, *ouvrant les yeux.*

Vous me disiez que le Roi d'Aragon...
Je dormais, Monseigneur, pardon!

LE RÉGENT.

Un attentat infâme
S'est commis dans ces lieux,
Là... dans l'instant...

ESTRELLA ET MAXIMUS, *à part, tout consternés.*

Justes cieux!

SCÈNE XII.

LES PRÉCÉDENTS, LA COUR, GARDES.

LE RÉGENT.

Gardes à moi!
(*Désignant Fernand.*)
Cet homme est votre prisonnier!

LES SEIGNEURS.

Don Fernand d'Aguilar, le nouvel écuyer :
Quel crime a-t-il commis?

LE RÉGENT.

Un forfait effroyable
Que le sang doit laver,
Dès ce soir le conseil jugera le coupable,
Et nul pouvoir ne saurait le sauver!
La loi dicte son supplice,
Traître envers la royauté,
Pour son crime qu'il subisse
Un trépas trop mérité.
Point de grâce pour l'impie,
Qu'il n'espère aucun pardon :
Le supplice à peine expie
Son indigne trahison!

ENSEMBLE.

LA REINE.

Quoi la mort, quoi le supplice!
Tout mon cœur s'est révolté!
Dieu du ciel, sois-lui propice!
Sauve-le dans ta bonté.
Lui qui m'a sauvé la vie
Mourra-t-il dans l'abandon?
La clémence m'est ravie.
Sans pouvoir est le pardon!

FERNAND.

Oh! d'avance, le supplice
Mon amour l'eût accepté,
Pour cette heure de délice,
Ineffable volupté.

Le trépas, je le défie :
Je n'attends aucun pardon,
Et ma voix avec ma vie
S'éteindra disant son nom !

ENSEMBLE.

ESTRELLA ET MAXIMUS.

Quoi ! la mort ! quoi le supplice !
Tout mon cœur s'est révolté.

Dieu du ciel, sois-lui propice !
Sauve-le dans ta bonté !

CHOEUR.

Don Fernand perdre la vie !
Lui, de si noble maison !
Quelle est donc sa félonie,
Son forfait, sa trahison ?

FIN DU DEUXIÈME ACTE.

ACTE TROISIÈME.

Une salle du palais, trois larges portes au fond ; quatre portes latérales, celles du premier plan sur pans coupés ; ces dernières et celles du fond sont fermées par des tapisseries. — A droite, une fenêtre et une table de toilette surmontée d'une glace ; de l'autre côté une console avec une corbeille garnie de fleurs.

SCÈNE PREMIÈRE.

LA REINE seule.

L'effroi que je combats de mon âme s'empare,
Je redoute le sort qui pour lui se prépare.
Le régent ne vient pas..... que va-t-il ordonner ?
Sera-t-il inflexible ?
Pauvre Fernand, vont-ils le condamner ?
Oh ! non, c'est impossible !

AIR.

Hélas ! qui m'aimera !
Qui ne fuira
La reine !
S'il perd pour son amour
Le jour ;
S'il doit, pour me chérir,
Des lois subir
La peine,
S'il doit pour me chérir,
Mourir !

On entend au dehors le chant d'un joyeux boléro.

Quel est ce bruit !

(*Courant à la fenêtre.*)

Ce sont de jeunes filles
Qui reviennent de la moisson,
Le vent m'apporte leur chanson.
Elles dansent joyeuses,
Oh ! qu'elles sont heureuses
On peut les aimer sans effroi,
Et moi ! et moi !

Le chant du boléro devient plus animé et se mêle à la plainte de la reine. Elle se tait, pour écouter ; le bruit s'éloigne, s'affaiblit, puis cesse dans l'éloignement. La reine s'est approchée de la fenêtre et suit des yeux les jeunes filles qui passent. Lorsqu'elle n'entend plus rien, elle quitte la fenêtre avec agitation.

Ciel de feu, beau ciel des Espagnes,
Rayons dorés, parfums enivrants de nos fleurs,
Air sauvage, air pur des montagnes,
Vous apportez la vie et l'amour dans les cœurs.
Pauvre reine, triste et plaintive,
Je suis seule, seule et captive !
Je ne sais quels vagues désirs
Font monter vers Dieu mes soupirs.
Nul espoir ne me vient sourire,
La tristesse remplit ma cour ;
Je n'ai qu'un trône où je soupire
Et je pourrais avoir le bonheur et l'amour.
Ciel de feu, beau ciel des Espagnes,
Rayons dorés, parfums enivrants de nos fleurs,
Air sauvage, air pur des montagnes,
Vous apportez la vie et l'amour dans les cœurs.

SCÈNE II.

LA REINE, LE RÉGENT.

LA REINE, *assise.*

Mais viens donc, Monseigneur, je t'attends avec une impatience...

LE RÉGENT.

Je dois croire qu'il s'agit d'un intérêt bien pressant ?

LA REINE.

Oh ! mon Dieu, non... je m'ennuie... sans avoir un motif, et j'éprouve le désir de causer avec toi... fut-ce même du roi d'Aragon...

LE RÉGENT.

Pour avoir un motif ?

LA REINE.

Oh ! tu m'en veux parce que ce matin je me suis endormie... mais à l'avenir je te promets d'apporter l'attention la plus complète... (*Se levant.*) Voyons, essaie, parle-moi d'une affaire d'État bien sérieuse...

LE RÉGENT.

Pour le moment, il n'en est aucune dont je doive donner l'ennui à Votre Majesté.

LA REINE, *à part avec impatience.*

Il ne me parlera pas de Fernand !.. (*Haut et toujours gracieusement.*) Il me semble que j'avais quelque chose à te demander ?.. et je l'ai oublié... Ah ! j'y suis... Maintenant que nous sommes seuls, quel sujet de colère avais-tu contre ce jeune homme... don Fernand ?..

LE RÉGENT.
Les justiciers du royaume, mandés par moi, vont être assemblés dans un instant... C'est devant eux que don Fernand aura à répondre de son crime.

LA REINE.
Mais quel est donc ce crime?..

LE RÉGENT.
Il est tel que Votre Majesté, quand elle le connaîtra, sera la première à réclamer le châtiment du coupable.

LA REINE.
Parle?

LE RÉGENT.
Pendant votre sommeil... au mépris de la loi qui défend de toucher à la reine... don Fernand n'a pas craint... à peine j'ose le dire, il n'a pas craint d'effleurer votre front royal... par un baiser...

LA REINE, vivement et avec un étonnement naïf.
Un baiser...

LE RÉGENT.
Eh! quoi!.. Votre Majesté n'est pas confondue... irritée comme moi!..

LA REINE.
Mais si... mais si... je le serais... s'il m'était prouvé... mais c'est bien invraisemblable... devant toi.

LE RÉGENT.
Je n'étais pas seul... notre argentier et sa femme se trouvaient là... et au besoin leur témoignage...

LA REINE, à part.
Il faut que je leur parle...

****

SCÈNE III.
LES PRÉCÉDENTS, ESTRELLA.

LE RÉGENT.
Justement voici la senora Estrella.

LA REINE, à part.
Trop tôt! Comment la prévenir?...

LE RÉGENT, à part.
Elle venait pour moi, sans doute!... (Haut). Vous arrivez à propos!... Ce matin, quand vous avez trouvé la reine endormie, que s'est-il passé sous vos yeux? (La reine est dans l'anxiété.)

ESTRELLA.
Ce qui s'est passé... rien!
(Un éclair de joie dans les yeux de la reine).

LE RÉGENT.
Comment!... vous n'avez pas vu?...

ESTRELLA.
Si vraiment!... j'ai bien vu que la reine dormait...

LE RÉGENT.
Et puis?

ESTRELLA.
Et puis, monseigneur, c'est vous qui en criant bien haut... l'avez réveillée...

LA REINE, au régent.
Tout cela est vrai.

LE RÉGENT.
Oui... plus tard... (A Estrella), mais auparavant, n'avez-vous pas vu Fernand?

ESTRELLA, d'un air étonné.
Le petit Fernand!... Est-ce qu'il était là?

LE RÉGENT, avec impatience.
Eh! oui sans doute, puisque je l'ai fait arrêter...

ESTRELLA.
C'est possible...'je ne dis pas non... (Regardant le régent avec expression). Je pensais à autre chose.

LE RÉGENT, à part.
A moi... (Avec satisfaction). Je ne vous en blâme pas!... (Reprenant le ton grave). Mais don Fernand n'était-il pas très près de la reine?

ESTRELLA.
Pas plus que vous!... car il me semble que vous êtes arrivés en même temps...

LE RÉGENT.
Mais quelqu'un s'est penché vers la reine...

ESTRELLA.
C'est vrai!... c'est vous. (Sur le premier mot d'Estrella, la reine avait fait un mouvement plein d'inquiétude, et le régent un pas vers elle, d'un air triomphant; puis lorsqu'Estrella ajoute : C'est vous! il se retourne vivement).

LE RÉGENT.
Moi!

ESTRELLA.
Pour lui parler du roi d'Aragon.

LA REINE, avec gaîté au régent.
Ah! c'était toi, c'était toi... mais rassure-toi, monseigneur je ne t'accuse pas.

LE RÉGENT, à part, avec impatience.
Il ne manquerait plus que cela...

LA REINE.
Mais tu vois que dans cette affaire, tout est doute...

ESTRELLA.
Tout!

LA REINE.
Rien n'est prouvé.

ESTRELLA.
Rien!

LA REINE.
Et l'on ne peut raisonnablement supposer qu'un jeune homme aussi timide, car il l'est réellement.

ESTRELLA.
Oui, Madame, et beaucoup... (La reine par un mouvement de jalousie, se retourne brusquement vers Estrella qui continue :) Je viens de le voir en traversant cette salle... (Elle montre la porte masquée d'une tapisserie à gauche).

LA REINE.
Ah ! il est là ?

ESTRELLA.
Au milieu des gardes qui veillent sur lui..... Pauvre jeune homme ! je me suis approchée de lui pour le consoler : Ce ne sera rien lui disais-je..... allons, du courage et embrassez-moi ?... « Vous embrasser ! s'est-il écrié, jamais maintenant... ni vous ni personne. »

LA REINE, vivement.
Il a dit cela.

ESTRELLA.
Il l'a dit, madame. (Au régent.) Et vous voyez bien...

LE RÉGENT.
Je vois que c'est une preuve de son crime.

LA REINE et ESTRELLA.
Mais, non !...

LE RÉGENT.
Mais, si !.....

LA REINE et ESTRELLA.
Mais, non !

LE RÉGENT.
Et si je le force lui-même à l'avouer...

LA REINE, à part.
Oh ! ciel !

ESTRELLA, de même.
Comment lui dire de se taire.

LE RÉGENT.
Nous allons l'interroger devant vous...

LA REINE, vivement.
Non, pas encore.

LE RÉGENT.
Et pourquoi ?

ESTRELLA.
Voici la toilette de la Reine.

LA REINE.
Oui, précisément.

LE RÉGENT.
Mais, madame...

LA REINE.
Nous l'entendrons après. (*Quatre dames de la Reine viennent d'entrer apportant des parures dans de riches coffrets, on avance la table de toilette, la Reine s'en approche :*) Mon voile... mes bracelets... mais je ne vois pas mon bouquet.

LE RÉGENT.
Le bouquet de la Reine.

ESTRELLA.
Le bouquet de la reine... je m'en charge !...

La Reine s'est assise devant la toilette entourée de ses dames. Le Régent remonte vers la porte du fond, appelle un officier des gardes et lui donne un ordre à voix basse. Estrella prend des fleurs dans la corbeille placée sur la console et les dépose sur une petite table près de la porte qui conduit dans la salle où est Fernand.

ESTRELLA, à part.
Comment le prévenir ?
Jusqu'à lui maintenant je ne puis parvenir...
Et je comprends les regards de la reine....
(*Elle fait quelques pas vers la reine qui échange avec elle un regard d'intelligence. Le régent qui a renvoyé l'officier des gardes revient en ce moment, sa vue arrête Estrella qui, tout-à-coup, frappée d'une idée, dit à part :*)
Oh ! oui, le moyen est bon !
Par cette vieille chanson
Il se peut qu'il comprenne.
(*Le régent à qui la reine l'a permis s'est assis près d'elle, Estrella va s'asseoir à la petite table et tout en composant le bouquet de la reine, elle chante de manière à être entendue par Fernand.*)

CHANSON.
Il faut en amours
Craindre les discours ;
Il faut dans les amours
Se taire toujours.
Un mot, un sourire,
Parfois peut vous nuire,
Bien des yeux jaloux
Sont ouverts sur vous.
Vos secrets les plus doux,
Gardez-les pour vous !
(*Le régent la regarde ; elle se lève, s'éloigne de la porte et continue à chanter sans plus y mettre d'intention et ne s'occupant que de son bouquet.*)
On perd quand on cause,
Plus d'un bien,
Qui se tait, n'expose
Jamais rien !
Aussi ma grand'mère,
Prudente et sévère,
Disait aux amants
De son temps :
Il faut en amours
Craindre les discours.
(*Elle se rapproche de la porte insensiblement en élevant la voix :*)
Il faut, dans les amours,
Se taire toujours.
Vos secrets les plus doux,
Gardez-les pour vous.
(*Estrella dit ces derniers mots tout près de la porte ; elle s'en éloigne en y tenant les yeux fixés et en répétant son refrain toujours avec une intention très marquée. Tout-à-coup elle s'aperçoit que le régent est près d'elle, et c'est à lui qu'elle feint de s'adresser en redisant pour la dernière fois avec insouciance :* gardez-les pour vous. *Elle met un doigt sur sa bouche, le régent prend le change sur son intention et baise la main d'Estrella qui lui remet son bouquet terminé. Le régent va porter le bouquet à la reine... Estrella retourne avec précaution vers la porte, la tête de Maximus y apparaît à travers la tapisserie qu'il écarte.*)

SCÈNE IV.
Les précédents, MAXIMUS.

MAXIMUS, *à Estrella.*
Chut !

ESTRELLA, *étonnée.*
Maximus ! — N'importe, il a dû me comprendre.
(*S'adressant à Maximus qui entre :*)
Il était là ?

MAXIMUS.
Fernand ? — On est venu le prendre
Depuis longtemps.
(*Montrant la porte du fond où Fernand paraît
entouré de gardes.*)
Tiens, le voici !

ESTRELLA.
Tout est perdu !

MAXIMUS, *à voix basse.*
Sois donc tranquille,
J'ai compris ta chanson, sans être bien habile,
Et je ne dirai rien !

ESTRELLA, *à part.*
Mais lui ?...

SCÈNE V.

LA REINE, *qui s'assied*, LE RÉGENT, FERNAND, *entouré de gardes*, ESTRELLA ET MAXIMUS.

QUINTETTE.

LE RÉGENT, *à Fernand.*
Approchez-vous, la reine, ici, veut vous entendre.

ESTRELLA, *à part.*
Oh ! puisse-t-il nier !

LE RÉGENT.
Ce dont on vous accuse, avez-vous à l'apprendre ?
L'avez-vous oublié ?

FERNAND.
L'oublier ! l'oublier !
(*Avec transport.*)
Ce brûlant souvenir, dont mon âme est ravie,
D'un feu nouveau vient encor m'embraser !
Et sans regret je puis perdre la vie,
Puisque je meurs pour un baiser.
(*Pendant les premières paroles de Fernand, Estrella cherche à lui faire signe de se taire, lorsque le régent la regarde, elle s'arrête, et prend un air insouciant. Fernand prononce le mot qui complète son aveu, la reine se lève, Estrella et Maximus sont consternés.*)

ENSEMBLE.

FERNAND.
Ah ! puissiez-vous ne voir, madame,
Aucun outrage en mon aveu,
L'amour qui seul emplit mon âme,
Est pur pour vous comme pour Dieu !

LE RÉGENT, *à la reine.*
Vous venez de l'entendre...

LA REINE, ESTRELLA ET MAXIMUS, *à part.*
Ah ! comment le défendre !
Il n'est d'espoir qu'en Dieu !
(*Fernand, à qui le Régent fait signe de sortir, remonte vers les gardes restés au fond. Maximus, emmenant Estrella, rejoint Fernand près de la porte, et lui adresse quelques paroles. LE RÉGENT arrête Estrella par le bras, pour lui dire à part :*)
Et toi, dont je devrais punir la trahison,
Lis... (*Il lui remet un billet.*)
Et surtout obéis.., ou sinon...
Sinon... (*Il la menace du doigt.*)

MAXIMUS, *au moment où Fernand disparaît, s'apercevant qu'Estrella n'est plus à ses côtés.*
Eh bien, viens-tu ?
(*Ils sortent.*)

SCÈNE VI.

LE RÉGENT, LA REINE.

LE RÉGENT.
Vous le voyez, Madame, il a tout avoué.

LA REINE.
Sais-tu bien que ce jeune homme est don Fernand d'Aguilar, qui compte des souverains parmi ses ancêtres ?

LE RÉGENT.
Oui, Madame, et fut-il le premier du royaume...

LA REINE.
Fut-il le dernier, je ne veux pas qu'il meure. (*Impérieusement.*) Je ne le veux pas... mais je te parle avec colère et c'est inutile, car tu ne peux pas avoir l'idée de le faire mourir si jeune... et... pour un tel crime, ce serait bien méchant, et tu es bon, n'est-ce pas ?

LE RÉGENT.
Votre Majesté sait que mon plus cher désir est de lui plaire.

LA REINE.
Toi seul as vu ce que tu appelles son crime.

LE RÉGENT.
Les hauts justiciers le connaissent, maintenant.

LA REINE.
Tu t'es bien pressé. Mais n'importe ils ne le condamneront pas.

LE RÉGENT.
Ils ne peuvent pas faire autrement.

LA REINE, *à part.*
Oh ! ciel !

LE RÉGENT, *à part.*
Et je leur ai dit, de n'avoir aucun égard aux prières que je leur adresserai en présence de la Reine.

LA REINE.
J'en serai fâchée pour messieurs les justiciers, mais s'ils condamnent, moi je ferai grâce, car j'ai le droit de faire grâce.

LE RÉGENT.
Pas encore.
LA REINE, avec fierté.
Ne suis-je pas la Reine?..
LE RÉGENT.
Reine mineure.
LA REINE, à part.
C'est vrai. (Haut.) Et qui aurait donc le droit de le sauver?
LE RÉGENT.
Une seule personne.
LA REINE.
Toi, peut-être?
LE RÉGENT, froidement.
Non! pas plus que vous.
LA REINE, avec impatience.
Qui donc alors?
LE RÉGENT.
Le roi votre époux, et je suis sûr que le roi d'Aragon...
LA REINE, sévèrement.
Encore! (Elle marche avec impatience.
LE RÉGENT, la suivant.
S'empresserait, s'il obtenait votre main, de complaire en tout à votre Majesté.
LA REINE, sèchement.
C'est bien!
LE RÉGENT.
On pourrait même en faire une condition expresse.
LA REINE, de même.
Il suffit, laissez-moi.
LE RÉGENT, à part en s'en allant, regardant la reine qui s'assied avec agitation.
Elle aura beau faire... le roi d'Aragon régnera... et moi aussi... (Il sort.)

SCÈNE VII.
LA REINE, assise, ESTRELLA, entrant avec précaution.
ESTRELLA, à part.
Il n'est plus là. (Haut.) Madame.
LA REINE, se levant.
C'est toi, mon enfant, viens...
ESTRELLA.
Madame!..
LA REINE.
Tu es bonne, toi, je le sais. (Elle lui tend la main.
ESTRELLA, avec effroi.
Oh! Madame, je vous en prie, ne me tendez pas ainsi votre main, car je voudrais l'embrasser, et...
LA REINE.
Eh bien! as-tu peur?..
ESTRELLA.
Oui.
LA REINE.
Ah! je comprends... l'étiquette!.. voilà ce qu'elle me vaut... ceux qui voudraient m'aimer s'éloignent de moi avec crainte. Tu as raison.. va-t-en.
ESTRELLA.
Oh! c'est égal, personne ne me voit... (Elle saisit la main de la reine et l'embrasse, en tombant à ses genoux).
LA REINE.
Que fais-tu? (Elle regarde autour d'elle avec crainte).
ESTRELLA.
Personne! personne! (La reine la relève avec tendresse.) Ma bonne souveraine, je serais bien heureuse... si je n'étais pas si triste à cause de ce pauvre Don Fernand... mais il n'est pas coupable, n'est-ce pas!
LA REINE.
Je n'en sais rien!.. je dormais!.. mais du reste le pauvre jeune homme!.. c'était sans le vouloir! je l'ai bien vu!..
ESTRELLA, vivement.
Vous l'avez vu?..
LA REINE, se reprenant.
Je veux dire : je l'ai rêvé!
ESTRELLA, regardant la reine puis souriant à part.
C'est juste!.. quand on dort!.. et mourir pour cela!
LA REINE.
C'est précisément ce que je disais tout-à-l'heure.
ESTRELLA.
C'est ce que diront toutes les femmes et si cette loi existait pour nous toutes, monseigneur le régent ne me tourmenterait pas comme il fait.
LA REINE.
Que veux-tu dire?
ESTRELLA.
C'est depuis bien longtemps que j'ai à me défendre contre lui... enfin quand il a fait mon mariage, j'ai cru qu'il renonçait à ses vilains projets, mais depuis ce matin, il recommence... et tout-à-l'heure, devant mon mari il m'a glissé ce petit billet où il me menace...
LA REINE.
Un billet... donne... (Elle le prend et va le lire près des bougies placées sur la toilette).
ESTRELLA.
Il veut que je me trouve ici, à la tombée de la nuit... sinon!
LA REINE.
Oui, c'est bien cela... ici... dans cette salle (Regardant le billet), un message pour l'avertir que tu consens à l'entendre... ah! Monseigneur, vous croyez séduire impunément ma protégée... (Maximus paraît au fond et s'arrête à la vue de la Reine).
ESTRELLA.
Voici mon mari... je vais commencer par tout lui dire...

ACTE II, SCÈNE IX.

LA REINE.
Non, pas un mot, à ton mari surtout... silence!.

SCÈNE VIII.

Les mêmes, MAXIMUS, *portant une couronne royale.*

MAXIMUS, *à part.*
La Reine, ici, avec ma femme!

LA REINE.
Qui t'amène ? que veux-tu ?

MAXIMUS.
Que votre majesté me pardonne! si j'avais su qu'elle se trouvât ici, je n'aurais pas eu l'audace... d'avoir l'honneur de me permettre de pénétrer... ainsi... sans que... quand même... çà, il n'y a pas de doute, mais... c'est que j'ai déjà présenté à monseigneur le régent... et maintenant j'apporte à votre majesté la couronne qui m'a été commandée pour votre auguste mariage...

LA REINE.
Ah! la couronne est déjà prête pour mon mariage.

MAXIMUS.
Si votre majesté daignait jeter les yeux sur le travail de l'orfèvrerie...

LA REINE.
C'est inutile.

MAXIMUS.
Bien. Je... (*Estrella lui frappe le coude pour l'avertir de se taire*) bien! (*A la reine*) sur le fini des ciselures, (*Même jeu d'Estrella*) bien. Il ne manque que mon nom : MAXIMUS FECIT.

LA REINE.
Monseigneur se hâte trop... tu peux à ton aise achever ton travail, car le mariage pour lequel on t'a commandé cette couronne n'est pas près de se faire... Tu diras cela de ma part à monseigneur. Eloigne-toi d'ici.

MAXIMUS, *à Estrella.*
Allons...

LA REINE.
Non, je retiens ta femme près de moi... Estrella, viens.... (*A Maximus.*) Surtout ne reste pas là, je te le défends. (*Elle sort.*)

MAXIMUS, *appelant Estrella qui sort avec la reine.*
Pst, pst.

ESTRELLA..
Quoi!

MAXIMUS
Écoute donc...

ESTRELLA.
Je n'ai pas le temps. (*Elle gagne la porte.*)

MAXIMUS.
Mais...

ESTRELLA, *disparaissant.*
Je n'ai pas le temps.

SCÈNE IX.

MAXIMUS, *puis* UN PAGE.

MAXIMUS, *seul.*
« Je retiens ta femme près de moi »... Moi qui voulais l'emmener ce soir à la maison!... C'est assez incommode d'avoir une femme attachée à la reine !... mais je reste là avec ma couronne... (*Il va la déposer sur la toilette*) Elle ne servira pas de sitôt, si j'ai bien compris. (*Son regard tombe sur le billet oublié par la reine.*) Tiens le nom d'Estrella sur ce papier... (*Il lit tout bas.*) Un billet d'amour!... un rendez-vous! pas de signature... qui donc veut m'enlever ma femme? C'est ici dans cette salle... Ah! ça mais, et la reine qui m'ordonne de m'en aller... et ce que j'ai entendu en entrant ; « Pas un mot à ton mari... » Voyons donc... (*Il continue de lire.*) Pour m'avertir que tu consens, envoie-moi par Lazarille, le petit page... une fleur que te rapporterai à la tombée de la nuit... les lumières seront éteintes. (*En ce moment, un page qui vient d'entrer sans que Maximus l'aperçoive, éteint les bougies placées près de lui.*)

MAXIMUS.
Hein ?... qui va là ?

LE PAGE.
Page de la reine.

MAXIMUS, *vivement.*
Le petit Lazarille ?

LE PAGE.
Moi-même!... (*Il se dirige vers la petite table de l'autre côté où se trouvent également des bougies.*)

MAXIMUS, *à part.*
C'est bien cela! (*Haut.*) Pourquoi éteindre ces...

LE PAGE.
C'est l'ordre que j'ai reçu.

MAXIMUS, *à part.*
Je devine... (*Haut et d'un air insouciant.*) Ah, oui... oui... n'avez-vous pas reçu, en outre, un message?.. une fleur ?...

LE PAGE, *à demi-voix.*
Ah! Vous savez aussi... un bouquet de roses... je l'ai porté.

MAXIMUS, *à part, avec colère.*
Tout un bouquet! (*Haut.*) et ma femme vous a dit de le porter à... à qui donc encore ?..

LE PAGE.
A monseigneur le Régent. (*Il éteint les secondes bougies et sort.*)

MAXIMUS, *seul, stupéfait.*
Monseigneur le Régent !.. lui!.. c'est le dernier que j'aurais soupçonné !.. Y vois-tu clair à présent, infortuné Maximus !.. Voilà pourquoi il a fait ton mariage... pourquoi il t'a donné la place d'argentier... Grand merci de vos couronnes, Monseigneur !.. (*Montrant celle qui est sur la table.*)

Trompé!.. Trompé à trente-six carats... et ma femme qui s'y prête... et la reine qui lui défend de m'en parler... et qui m'éloigne... La reine!.. c'est impossible... et pourtant j'ai bien entendu... elle m'a dit de m'éloigner... non, de par mon patron, je ne me laisserai pas voler le plus précieux de mes joyaux... On vient... où me cacher... là... derrière cette portière. (*Il se place derrière la tapisserie d'une porte latérale, et passant la tête*): On appelle ça une place à la cour.

SCÈNE X.

MAXIMUS, puis LE RÉGENT, plus tard LA REINE et ESTRELLA.

QUINTETTE.

MAXIMUS, *seul, sortant de sa cachette.*
Place charmante !
Pour moi la nuit
Est bien galante !
Mais point de bruit.
Que vais-je entendre ?
Faisons le guet,
A les surprendre
Soyons tout prêt.

LE RÉGENT, *entrant avec mystère.*
Heure charmante!
Voici la nuit.
O douce attente
Que l'amour suit.
Oui, de se rendre
La belle est près,
Je vais la prendre
Dans mes filets.

(*La reine et Estrella entrent par la porte opposée à celle où se tient Maximus.*)

LA REINE.
Nous pouvons braver à nous deux
Et le régent et ses vœux amoureux.

ESTRELLA.
On ne craint rien quand on est deux.

ENSEMBLE.

LA REINE ET ESTRELLA.
Ruse charmante
Qui me séduit !
A notre attente
L'espoir sourit.
Tout va dépendre
De mon succès.
Sachons le prendre
Dans ses filets.

LE RÉGENT.
Heure charmante !
Voici la nuit.
O douce attente
Que l'amour suit.

MAXIMUS.
Que vais-je entendre ?
Faisons le guet.
A les surprendre
Soyons tout prêt.

LE RÉGENT.
Mais je crois voir dans la nuit sombre,
Là-bas, sans bruit, glisser une ombre.
Est-ce vous, Estrella?

LA REINE, *à Estrella.*
Réponds.

MAXIMUS, *à part.*
Écoutons bien.

LE RÉGENT.
Estrella!

ESTRELLA.
Me voilà.

(*Elle remonte aussitôt vers le fond avec la reine.*)

LE RÉGENT, *venant à la place d'où la voix d'Estrella est partie.*
Tu veux donc, ô ma belle !
Écouter la voix des amours,
Te voilà moins rebelle...

LA REINE, *bas à Estrella.*
Réponds.

ESTRELLA, *haut.*
J'ai tort de croire à vos discours.

LE RÉGENT, *remontant vers le fond, tandis qu'Estrella descend avec la reine.*
Que dis-tu? la crainte est vaine.
Viens! ton mari,
Comme la reine est loin d'ici.

LA REINE, *à part.*
Le mari soit, mais non pas la reine.

MAXIMUS, *à part.*
La reine soit, mais non le mari.

LE RÉGENT.
Toi qui sais tant me plaire,
Donne-moi seulement ta main.

ESTRELLA.
Hélas ! j'ai peur.

(*Le régent, qui cherche dans l'ombre, rencontre et saisit la main de la reine, qu'elle étendait vers lui.*)

LA REINE, *bas à Estrella.*
Il l'a prise.

ESTRELLA, *avançant la tête entre la reine et le régent.*
Seigneur... seigneur, qu'osez-vous faire !

MAXIMUS, *à part.*
Je n'y tiens plus, j'étouffe de fureur !

LE RÉGENT.
Un seul baiser...

LA REINE, *à part.*
Nous y voilà !

MAXIMUS, *à part.*
Ah ! c'est trop fort !

(*Il disparait vivement par la porte à gauche; Estrella sort par la droite, le Régent ressaisit*

ACTE III, SCÈNE XI.

par le bras la Reine qui vient de lui échapper, il l'attire à lui, tombe à ses genoux et couvre sa main de baisers, tandis que Maximus et Estrella reparaissent avec des flambeaux.)

MAXIMUS, *ébahi en apercevant sa femme vis-à-vis de lui.*
Ciel! que vois-je!
LE RÉGENT, *toujours à genoux, levant les yeux.*
Estrella!
O ciel! la reine!
MAXIMUS.
Comment... c'était... ma femme... la reine!
(*Il comprend la substitution, et éclate de rire en voyant la confusion du régent.*
ENSEMBLE.
MAXIMUS et ESTRELLA.
La piquante aventure!
Voyez comme il a peur!
Quelle triste figure
Fait ici Monseigneur!
LA REINE.
Cette mésaventure
Vient rassurer mon cœur.
De Fernand, j'en suis sûre,
Il sera le sauveur.
LE RÉGENT.
Quelle mésaventure!
Pour moi quel déshonneur!
Je tremble et ma figure
Leur fait voir ma frayeur.
LA REINE, *au régent.*
Tu viens d'embrasser la Reine.
MAXIMUS et ESTRELLA.
Crime de lèze-Majesté.
LA REINE.
De ce crime tu sais la peine.
MAXIMUS et ESTRELLA.
Par deux témoins c'est attesté.
LA REINE.
Maintenant il est deux coupables
Or leurs destins seront semblables!
Les justiciers sont réunis
Et je vais.
LE RÉGENT.
Arrêtez... de grâce... je frémis
ENSEMBLE.
MAXIMUS et ESTRELLA.
La piquante aventure!
Voyez comme il a peur!
Quelle triste figure
Fait ici Monseigneur.
LA REINE.
Cette mésaventure
Vient rassurer mon cœur,
De Fernand, j'en suis sûre,
Il sera le sauveur.
LE RÉGENT.
Quelle mésaventure,
Pour moi, quel déshonneur!
Je tremble et ma figure
Leur fait voir ma frayeur.

SCÈNE XI.

LES PRÉCÉDENTS, LES HAUTS JUSTICIERS, TOUTE LA COUR.

LA REINE.
Qui vient ici?
MAXIMUS, *après avoir été regarder dans la galerie du fond.*
Le Conseil qui s'avance.
LA REINE, *au Régent.*
Ah! l'on t'apporte à signer la sentence
Cherche dans ton esprit, Seigneur, je te le dis:
Deux coupables sauvés, ou tous les deux punis.
(*Les hauts justiciers se sont arrêtés un moment au fond pour causer entre eux à voix basse. Ils s'avancent ensuite solennellement jusqu'auprès du Régent, l'un d'eux tient sur sa poitrine le livre de la loi, un autre la sentence, les Seigneurs et les dames de la Cour arrivent par tous les côtés gravement et dans le plus profond silence.*)
MAXIMUS, *bas à Estrella, pendant la marche.*
Quoi! c'était la reine!
ESTRELLA.
Eh oui vraiment!
MAXIMUS.
Eh bien, ma femme, vois ce que c'est que l'idée!
j'avais cru reconnaître la voix.
ESTRELLA.
A moi!..
MAXIMUS.
A toi-même!
ESTRELLA, *le regardant avec pitié.*
Vous êtes absurde.
MAXIMUS.
Je suis absurde! Grâce au ciel! ça vaut bien mieux... qu'autre chose!..
ESTRELLA.
Mais qu'à l'avenir ça vous serve de leçon.

LES JUSTICIERS, *bas au Régent.*
Vous nous aviez défendu l'indulgence.
LE RÉGENT, *à part.*
Grand Dieu! j'y pense.
LES JUSTICIERS, *tout bas.*
Avec votre désir la sentence est d'accord.
(*Ils la lui montrent.*)
LE RÉGENT.
Oh! ciel!
LA REINE, *au Régent.*
Quel est l'arrêt?
LE RÉGENT, *avec effroi.*
La mort!
TOUT LE MONDE.
La mort!

LA REINE.
A ton avis la Reine s'en réfère
(Bas)
Mais son arrêt sera le tien !
LE RÉGENT, aux justiciers.
Messieurs, écoutez-moi, l'arrêt est bien sévère,
Et l'on pourrait...
LES JUSTICIERS.
Non, nous n'écoutons rien !
LE RÉGENT.
Par faveur singulière !
LES JUSTICIERS.
Non, non.
LE RÉGENT.
A cause de son père...
LES JUSTICIERS.
Non, non.
LE RÉGENT.
Mais, pourtant, sa valeur,...
LES JUSTICIERS.
Non, non.
LE RÉGENT.
Ou du moins sa jeunesse
De la loi vengeresse
Devrait adoucir la rigueur.
LES JUSTICIERS.
Non, non.
LE RÉGENT.
Messieurs, c'est une horreur
Dont mon cœur généreux et s'indigne et se lasse.
LA REINE ET ESTRELLA, à part.
Très bien !
LE RÉGENT.
Moi, le Régent, qui du Roi tiens la place
Ne puis-je pas, comme lui, faire grâce !
PREMIER JUSTICIER.
Non, non. Votre devoir sur ce point est dicté
Par la loi.
LE RÉGENT, à part.
Tout mon sang se glace.
(Lisant le texte de la loi dans le livre que lui montrent les justiciers.)
« NUL NE TOUCHE A LA REINE, ET NE PEUT FAIRE GRACE,
« LE ROI SEUL EXCEPTÉ ! »
(Consternation générale. — La Reine, qui semble ne plus garder aucun espoir, va s'asseoir auprès de la table où est sa couronne. Fernand paraît dans la galerie du fond entouré de soldats.)

~~~~~~

SCÈNE XII.

LES PRÉCÉDENTS, FERNAND.

FERNAND, s'avançant vers la reine.
Adieu, Madame, il reste une espérance
Au condamné qui tombe à vos genoux ;
Mon seul bonheur, pour vous fut une offense,
Je vais mourir, me la pardonnez-vous ?
(Il met un genou en terre.)
Dans un instant à la mort on m'entraîne,
Je vais subir un trépas mérité...
La loi le dit : « NUL NE TOUCHE A LA REINE... »
LA REINE se lève, saisit sa couronne sur la table, et l'élevant au-dessus de la tête de Fernand, à genoux, elle s'écrie :
LE ROI SEUL EXCEPTÉ !
TOUS.
Le roi !
LA REINE.
Relevez-vous,
Roi de Léon, mon époux !
FERNAND.
Juste ciel !
MAXIMUS.
Tout change de face !
LE RÉGENT, aux justiciers qui font un mouvement vers lui comme pour protester.
C'est un choix excellent,
Et que j'approuve, moi, le Régent.
LA REINE, bas au Régent.
Demande-lui ta grâce.
FERNAND.
Dieu, sauvez ma raison, mon Dieu, soutenez-moi !
LE RÉGENT.
Messieurs, répétez avec moi.
Vive le Roi !
CHŒUR.
Roi de Léon, de la noblesse
Recevez l'hommage et la foi !
Retentissez, chants d'allégresse !
Vive, vive notre roi !

FIN.

IMPRIMERIE DE GIROUX ET VIALAT, A LAGNY.

LAGNY. — Imprimerie hydraulique de Giroux et Vialat.

Contraste insuffisant

NF Z 43-120-14

www.ingramcontent.com/pod-product-compliance
Lightning Source LLC
Chambersburg PA
CBHW060604050426
42451CB00011B/2079